www.tredition.de

AF177482

Mirko Tillens

M-Polytox

Geheimnisse aus der Sucht

© 2017Mirko Tillens

Verlag: tredition GmbH, Hamburg

ISBN
Paperback: 978-3-7439-1606-7
Hardcover: 978-3-7439-1607-4
e-Book: 978-3-7439-1608-1

Printed in Germany

Mirko Tillens

M-Polytox
Geheimnisse aus der Sucht

Sucht und Angst

Ein Leben als Mehrfachabhängiger und die Folgen

Werfen Sie das Buch bitte nicht gleich aus dem
Fenster!

Bitte auch nicht in den Kamin!

Der Anfang erfordert ein wenig Geduld, ist aber wichtig, um den Zusammenhang verstehen zu können.

Geben Sie dem Buch eine Chance!

Wie alles begann

Mirko verbrachte die ersten Jahre seines Lebens in einem kleinen Dorf. Seine Eltern hatten dort ein Haus mit Garten gemietet. In der Nachbarschaft wohnte eine weitere Familie mit Kindern, eines der Kinder war in seinem Alter. Ein Mädchen, das sich aber eher für Bubenthemen als für Mädchenkram interessierte. Und so kam es, dass sie dicke Freunde wurden. Oftmals verbrachten sie ihre ganzen Tage von morgens bis abends miteinander und vertrieben sich mit allerlei Spielzeug die Zeit. Das Haus seiner Eltern war von einer großen Rasenfläche umgeben, hier konnten sie sich so richtig austoben. Wenn Mirko doch einmal alleine war, dann kickte er mit seinem Ball im Garten.

Mit fünf Jahren ging Mirko das erste Mal in den Kindergarten im Dorf. Dort lernte er noch andere Kinder kennen, aber meistens spielte er mit seiner Freundin aus der Nachbarschaft.

Als Mirko sechseinhalb Jahre alt war, zogen seine Eltern und er in eine nahe gelegene Kleinstadt. Mit dem gemeinsamen Spielen war

schlagartig Schluss. Mit sieben Jahren wurde er eingeschult. Mirko hatte sehr viel Angst vor dem ersten Schultag, er war ja erst vor Kurzem hierher gezogen und kannte niemanden, der mit ihm zusammen eingeschult wurde. Doch nach ein paar Wochen hatte er neue Freunde gewonnen und in der Schule lief es recht ordentlich. Mirko war ein durchschnittlicher Schüler. Seine Lieblingsfächer waren Mathematik und Sport.

Vor allem Sport. Da Mirko fast seine gesamte Freizeit nur mit Fußball verbrachte, meldeten ihn seine Eltern im Fußballverein an. Regelmäßig ging er zum Fußballtraining seiner Mannschaft. Damals gab es noch keine F- oder E-Jugend, die seinem Alter entsprochen hätte, also spielte er vom ersten Tag an bei der D-

Jugend mit. Genau genommen trainierte er nur, denn bei richtigen Spielen kam er nie zum Einsatz, dazu war er noch zu jung. Aber das war für ihn kein Grund, sich vom Fußballspielen abbringen zu lassen, und er trainierte unermüdlich weiter. Als er endlich alt genug war, durfte er so richtig mitspielen. Mirko war ein guter Kicker, der sehr viele Tore geschossen.

Für das Spielen im Haus war er einfach nicht geschaffen, sein großer Bewegungsdrang zog ihn immer nach draußen. Neue Freunde fand er hauptsächlich beim Fußball, aber in seiner neuen Straße gab es auch einige Kinder, allerdings etwas älter als er, mit denen er oft auf der Straße spielte, nicht nur Fußball, sondern auch Verstecken und andere Spiele.

Für kurze Zeit war Mirko auch im Tischtennisverein. Auch hier war er der Kleinste, aber er hatte ein gutes Gefühl in der Hand und konnte den Älteren das Leben ganz schön schwer machen. Da er aber meistens verlor und nicht richtig gefördert wurde, gab er das Tischtennisspielen nach zwei Jahren wieder auf und konzentrierte sich nur noch aufs Fußballspielen. Wie gesagt, Fußball war immer seine Leidenschaft gewesen.

Mirko hatte eine gute Kindheit, genug zu essen und zu trinken, immer saubere Klamotten, allerlei Unterhaltungsmedien und eine ansehnliche Zahl altersgerechter fahrbarer Untersätze.

Sein Vater war LKW-Fahrer und seine Mutter blieb zu Hause und kümmerte sich um den Haushalt. Als Mirko zehn Jahre alt war, ging seine Mutter wieder arbeiten, halbtags in einem Supermarkt.

Von da an musste Mirko des Öfteren zu seinen Verwandten, zwei Onkel die gemeinsam in einem Haus lebten, in ein etwa zehn Kilometer entferntes Dorf. Dort wurden sehr oft Gewaltfilme angeschaut. Meistens irgendwelche Karate- oder Kung-Fu-

Filme, wo das Blut nur so spritzte und Gewalt regelrecht verherrlicht wurde. Zudem hielt er sich oft in einer Kneipe auf, wo seine Onkel, Egon und Heinrich, stundenlang am Stammtisch hockten und ein Bier nach dem anderen tranken. Mirko durfte dann zum Zeitvertreib an den Automaten spielen, jenen Geräten, die in jeder Kneipe an der Wand hängen, damit der Kneipenpächter seine Pacht bezahlen kann. Also an Spielautomaten, bei denen man glaubt, Geld gewinnen zu können, ein Irrglaube, denn im Endeffekt gewinnt immer der Automat.

Aber Mirko lernte bei Egon und Heinrich auch noch eine andere Freizeitbeschäftigung kennen, die ihm sehr viel Spaß machte und ihm richtig schöne Zeiten bescherte, und zwar das Angeln. Immer wenn er über Nacht geblieben war und es nachts geregnet hatte, ging er mit Ihnen früh morgens raus und fingen Regenwürmer, die dann beim nächsten Angeln auf den Angelhaken gespießt und als Fischköder verwendet wurden. Sie wendeten zwei verschiedene Angel-Methoden an. Die eine war Angeln auf Grund und die zweite Methode war Angeln mit Schwimmer. Mirko bevorzugte es, mit Schwimmer zu angeln, weil das in seinen Augen spannender war. Es gab auf der Wasseroberfläche mehr zu sehen und zu beobachten.

Seine Eltern wussten nur über das Angeln Bescheid, aber nicht über die Gewaltfilme und auch nicht übers stundenlange Automatenspielen. Mirko hatte ihnen nichts davon erzählt. Sie hatten also keinen Anlass, einzugreifen. Immer mal wieder besuchte Mirko seine Onkel, dann gingen sie gemeinsam zum Angeln, und anschließend gab es die üblichen Gewaltfilme zu sehen. Ab und an ging es in die Kneipe, wo Mirko dann wieder am Automaten zockte. Doch die wenigen Geldmünzen, die Egon und Heinrich für ihn übrig hatten, waren in viel zu kurzer Zeit verspielt. Also schlachtete Mirko sein Sparschwein, um sich länger am Automaten vergnügen zu können.

Das Angeln interessierte ihn so stark, dass er einen Jugendfischereischein erwarb, mit dem er unabhängig von seinen Onkeln losziehen konnte. DerJugend-fischereischein schrieb ihm zwar vor, dass er auf die Begleitung eines Erwachsenen Inhabers eines Fischereischeins angewiesen war, aber Mirko suchte sich immer andere Angler und fragte sie, ob er sich ihnen anschließen dürfe. Fast jeder gab seine Zustimmung und Mirko konnte seine Angelrute auspacken und angeln. Dem Angeln ist er bis zu seinem fünfzehnten Lebensjahr treu geblieben, dann hat er es aufgegeben. Er hatte das Interesse daran verloren.

Den größten Teil seiner Freizeit widmete er jedoch dem Fußballspielen und dort konnte er auch all sein Können unter Beweis stellen. Bei anderen Aktivitäten mit seinen Freunden war sein Selbstvertrauen recht gering, er fühlte sich eher als Mitläufer und ließ sich bereitwillig beeinflussen und führen. Was gewissermaßen auf der Hand lag, denn schließlich hatte er fast nur ältere Freunde. Von den Gleichaltrigen interessierte ihn niemand so recht.

Diese bereitwillige Bevormundung trug viel dazu bei, dass er in die Sucht abrutschte. Aber vor allem war es die Form von Zeitvertreib, die er bei seinen Verwandten kennengelernt hatte, die vielen Gewaltfilme und das Zocken am Spielautomaten. Vor allem die Gewaltfilme faszinierten ihn, und später würde er am eigenen Leib erfahren, dass für Menschen, die in einer Sucht gefangen sind, die Gewalt allgegenwärtig ist.

Mirkos Schicksal zeigt, dass Auslöser für eine Suchtkarriere nicht immer Schicksalsschläge, Misshandlungen oder eine schlechte Kindheit sind. Oftmals entscheiden Kleinigkeiten, wo der Weg hingeht, und meistens bekommen es die Erziehungsberichtigten gar nicht mit. Nicht aus Desinteresse oder mangelnder Fürsorge, sondern weil sie die einzelnen Mosaiksteine nicht erkannten und somit auch nicht zu einem bedrohlichen Gesamtbild zusammenfügen konnten.

Exkurs – Gefühle

Über Gefühle und Bedürfnisse wurde in der damaligen Zeit nicht viel gesprochen. Zumindest nicht ernsthaft und tiefgründig, sonst könnte Mirko sich daran erinnern. Solche Dinge waren damals nicht wichtig. Seine Eltern waren zudem mental sehr stark und hatten auch nicht das Bedürfnis, darüber zu sprechen. Heutzutage wird in unserer Gesellschaft das Sprechen über Gefühle und Bedürfnisse zum Glück überwiegend als sehr wichtig wahrgenommen, denn nur wer über seine Gefühle sprechen kann, ist in der Lage, Gefühle wahrzunehmen, richtig zu verstehen und einzuordnen.

Mirko

... das bin ich selbst und ich erzähle mein Leben

Kapitel 1 – Einstieg in die Sucht

Als ich vierzehn Jahre alt war, wurde ich konfirmiert und bekam zu diesem Anlass viele Geldgeschenke. Mein Sparbuch war gut gefüllt. Nach und nach hob ich das ganze Geld ab und steckte es in Spielautomaten, die ich ja bereits von den Besuchen bei meiner Verwandtschaft kannte.

Eigentlich dürfen an diese Geräte nur Erwachsene über achtzehn Jahren, aber in den meisten Kneipen sehen die Betreiber großzügig darüber hinweg, denn sie haben nur die Geldscheine in den Augen.

Jugendschutz interessiert hier niemanden!

Wenn sich die Betreiber schon nicht für den Jugendschutz zuständig fühlen, sollte zumindest der Automat so ausgestattet sein, dass die Bedienung an eine Altersbeschränkung gekoppelt ist, zum Beispiel an den Besitz des Führerscheins oder einer EC-Karte. Meines Wissens ist das bis heute nicht der Fall.

Als meine Eltern dahinter kamen, stellten sie mich natürlich in den Senkel. Ich zeigte ehrliche Reue und beteuerte, dass ich nie wieder spielen würde, und das Thema war erledigt. Zu meinen Eltern hatte ich ein gutes Verhältnis, aber eine enge Bindung nur zu meiner Mutter. Denn sie arbeitete ja nur halbtags, und mein Vater war als LKW-Fahrer die ganze Woche mit seinem Truck unterwegs. Am Wochenende, wenn mein Vater zu Hause war, waren beide sehr um Harmonie bemüht. Sie hatten sich ja die ganze Woche nicht gesehen und wollten dann die gemeinsame Zeit nicht mit Konflikten oder Problemen verbringen. Wenn ich also unter der Woche Mist gebaut hatte, war alles spätestens am Wochenende vergessen oder wurde ignoriert, um die Familienharmonie nicht zu stören. Konflikte störten und waren nicht dazu da, ausgetragen zu werden. Dieses Verhalten übertrug ich dann auch auf andere Situationen. Konflikten bin ich immer aus dem Weg gegangen. Ich war immer bemüht, dass mich alle mögen, und konnte nicht ertragen, wenn das nicht der Fall war. So habe ich nie gelernt, mit Konflikten richtig umzugehen und meine eigene Meinung durchzusetzen, sondern ich gab immer nach. Oder ich drehte es so, dass die Meinung der Anderen auch meine Meinung war. Meine Scheu vor Konflikten sollte mein ganzes Leben beeinflussen. Zu ergänzen ist, dass ich ein Einzelkind bin und nie um etwas kämpfen musste.

Am Spielautomaten spielte ich trotz der Zurechtweisung meiner Eltern natürlich auch weiterhin. Die Automaten hatten mich einfach in ihren Bann gezogen, und sobald ich ein paar Mark hatte, landeten sie im Spielautomaten. Immer mit der gespannten Hoffnung, viel Geld zu gewinnen. War mein Geld aufgebraucht, schaute ich den anderen beim Spielen zu. Immer wieder mal ließen mich auch ältere Spieler die Tasten des Automaten bedienen, in der Hoffnung, dass ich ihnen vielleicht Glück bringe.

Die Spielsucht war ein wirklich ernstes Problem, nicht nur, weil ich mein ganzes Geld verspielte, nein, auch meine sozialen Kontakte zu „normalen Leuten" wurden immer weniger. Hier lauerte die Gefahr, zusätzlich zu einer stoffungebundenen Sucht noch eine stoffgebundene Sucht zu entwickeln: Gerade im Teenager-Alter haben der Umgang und der Freundeskreis einen enormen Einfluss.

Kapitel 2 – Ausweitung der Sucht

Normale Jugendliche, weder gleichaltrige noch ältere, interessierten mich nicht mehr. Ich war viel in Kneipen unterwegs, spielte Billard, Schafkopf und natürlich an Spielautomaten. Stundenlang konnte ich mich dort aufhalten und zocken. Selbstverständlich fing ich mit fünfzehn Jahren auch an, Zigaretten zu rauchen, heimlich natürlich. Ich verkehrte in reinen Bierkneipen, zu essen gab es dort nichts. In solchen Kneipen sind viele schräge Vögel unterwegs, und so kam es dann auch zum ersten Haschischkonsum. Ich fand das wahnsinnig cool und spannend. Verbotene Dinge hatten für mich schon immer einen besonderen Reiz. Wohl die Hälfte der Kneipengäste war alkoholabhängig und lebte so in den Tag hinein. Die andere Hälfte war schon mal im Gefängnis gewesen. Auch das fand ich ausgesprochen interessant. Die Leute verbrachten den ganzen Tag mit Saufen und Zocken. Einer von ihnen brachte mir das Billardspielen bei und nun nahm ich auch an den Turnieren in meiner Stammkneipe teil. Das eine oder andere Turnier habe ich auch gewonnen, und das hat mich natürlich sehr stolz gemacht.

Eines Tages schleppten mich dann zwei meiner „Freunde" mit nach Frankfurt in den Puff. Als wir durch das Bordell liefen, wurden die beiden schnell fündig und verschwanden, um sich zu vergnügen. Ich stand also alleine auf dem Flur und schaute etwas ratlos umher. Ich hatte null Interesse, zu so einer Dame ins Zimmer zu gehen, also verdrückte ich mich in den obersten Stock. Dort wartete ich etwa zwanzig Minuten, dann lief ich zurück zu den Zimmern, in denen meine Freunde verschwunden waren. Die Türen standen offen und ich konnte sehen, dass die beiden nicht mehr drinnen waren. Offensichtlich war es eine recht schnelle Nummer gewesen. Ich verließ das Haus und auf der Straße warteten bereits meine beiden Begleiter. Weil ich als

Letzter das Gebäude verlassen hatte, dachten sie, ich wäre auch bei einer der Prostituierten gewesen. Ich ließ sie in dem Glauben. Dann sind wir zurück zum Auto und ein paar Straßen weiter gefahren. Dort angekommen, stieg der eine aus und traf sich mit jemandem, den ich nicht kannte. Ich fragte meinen Kumpel, der mit mir im Auto saß, wer das sei. Er sagte, dass das der Haschischdealer sei und dass wir, wo wir schon mal hier seien, eine Platte Haschisch mit nach Hause nehmen würden. Kurz danach stieg auch schon unser Kumpel wieder ins Auto und präsentierte seinen Einkauf. Ich lernte, dass eine Platte Haschisch fast so aussieht wie eine Tafel Schokolade. Nachdem wir nun alles erledigt hatten, fuhren wir wieder nach Hause. Auf dem Heimweg kreiste ein Joint durchs Auto, an dem ich dann auch fleißig gezogen habe.

Von diesem Zeitpunkt an veränderte sich mein Leben noch weiter zum Unguten. Die Pubertät, falsche Freunde und die ersten Erfahrungen mit dem Haschischkonsum führten mich immer tiefer in die Sucht. Meine neuen Freunde faszinierten mich regelrecht, es waren sehr brutale Menschen darunter, die vor nichts zurückschreckten. Wenn wir ausgingen, endete das meistens in fürchterlichen Schlägereien, bei denen ich allerdings immer nur Zuschauer war, mir fehlte der Mut, selbst mitzumischen. Die Schlägereien waren ab und an so brutal, dass überall das Blut nur so spritzte. So manches Mal kamen auch Messer zum Einsatz. Einer meiner neuen Freunde sagte immer, dass er bei einer Schlägerei immer dafür sorge, dass der andere nicht mehr aufstehen könne. Das schien mir schon damals total verrückt, aber aufgrund meiner Erfahrungen mit den Gewaltfilmen faszinierte mich das zugleich. Diese Stärke, keine Angst zu haben und zu allem bereit zu sein, gaukelte mir damals vor, stärker zu sein, als ich mich fühlte. Außerdem ging es schließlich um meine

Freunde, meine Clique, in der ich mich aufgehoben fühlte und verstanden.

Meine Eltern bemerkten von all dem nichts, denn ich war super im Verheimlichen. Ich sorgte immer dafür, dass die Harmonie zu Hause nicht gefährdet war, denn Streit war das Letzte, was ich wollte. Außerdem wusste ich, dass meine Eltern in meine Freizeitgestaltung radikal eingreifen würden, wenn ich davon erzählen würde. Und das wollte ich natürlich auf keinen Fall.

Alle in meinem „Freundeskreis" konsumierten Haschisch in ihrer Freizeit. Mal kreiste der Joint, mal konsumierten wir mit der Wasserpfeife, und wenn es richtig krass werden sollte, rauchten wir Eimer. Das funktioniert so: Man braucht einen halb mit Wasser gefüllten Plastikeimer, eine PET-Flasche ohne Boden und Aluminiumfolie für den Aufsatz. Mit der Alufolie wird ein Nest (Aufsatz) auf den Schraubverschluss der PET-Flasche gebaut und ein paar Löcher hineingestochen. Die Flasche wird nun so in den Eimer getaucht, dass das Nest oberhalb der Wasserlinie bleibt. Nun wird die Mischung in das Nest gelegt und angezündet, dabei wird die Flasche nach oben gezogen, sodass in der Flasche ein Vakuum entsteht, also der Rauch in die Flasche strömt, dann wird das Nest entfernt. Mit dem Mund wird nun der Flaschenhals umschlungen und ganz tief auf Lunge eingeatmet, wobei die Flasche nach unten gedrückt wird, damit der Rauch (Stoff) in die Lunge geht. Bei dieser Prozedur wurde ich total abgeschossen und manchmal musste ich mich sogar übergeben dabei, aber egal, das ging ja allen so. So ein Verhalten nennt man wohl Gruppenzwang.

Meine Hobbys beschränkten sich bald auf derlei Aktionen, mit Ausnahme vom Fußballspielen, das ich weiterhin betrieb. Allerdings stellten sich immer häufiger Konditionsprobleme ein, und Fußball ist hauptsächlich ein Laufsport.

Mit achtzehn Jahren kamen zum Haschisch auch noch Speed und Pillen (Ecstasy) hinzu. Hatte ich diese Drogen genommen, konnte ich die ganze Nacht in der Disco abgehen, ohne müde zu werden. Ich rede hier von richtigen Technodiscotheken, wo hauptsächlich Leute verkehrten, die Drogen nahmen. Der Schweiß lief mir am ganzen Körper hinab, meine Klamotten waren total durchnässt. Meine Wahrnehmung hatte sich extrem verschoben, die Discobeleuchtung explodierte förmlich in mir. Auch Alkohol konnte ich in großen Mengen trinken, ohne auch nur ansatzweise betrunken zu werden. Auf solchen Technopartys gab es keinerlei Gewalt. Es kamen keinerlei Aggressionen auf, alle gingen friedlich miteinander um. Jeder genoss seinen Trip für sich allein.

Eines Abends hatte ich mich mit meinem Konsum von Ecstasy übernommen und acht Pillen über ein paar Stunden verteilt eingeworfen. Daraufhin ging es mir total miserabel und ich musste mich auf der Toilette übergeben. Dort sah es ekelhaft aus. Wenn es mir nicht schon kotz übel gewesen wäre, hätte ich mich spätestens bei dem grauenhaften Anblick und dem Gestank übergeben müssen. Überall Urin und Kotze auf den Fliesen. Ich war heilfroh, als ich endlich fertig war und diese Kloake wieder verlassen konnte. Mein Magen hatte sich recht schnell wieder beruhigt, und auf den Schreck hin gönnte ich mir gleich eine Asbach-Cola und warf mir die nächste Ecstasy ein, und es konnte weitergehen mit dem Feiern.

Irgendwann war allerdings jede Party zu Ende und man musste irgendwie wieder von dem Trip runterkommen. Dazu wurde dann intensiv Haschisch konsumiert. Das war eigentlich total bekloppt, aber leider üblich: erst wurden in der Disco irgendwelche Pillen und Speed eingeworfen, um auf Tour zu kommen, und um wieder runterzukommen, wurde intensiv Haschisch geraucht. Manchmal bin ich auch direkt in die nächste Disco, eine von denen, die schon morgens geöffnet hatte, und hab dort weitergemacht. Es kam vor, dass ich ganze Wochenenden nonstop unterwegs war, also freitags losgezogen und am Sonntagabend heimgekommen, ohne eine einzige Minute geschlafen zu haben.

Doch ich bin nicht ausschließlich in Technodiscos gegangen, sondern auch sehr gerne zu Veranstaltungen mit Livemusik. Dort habe ich natürlich kein Ecstasy genommen. Das hätte meiner Auffassung nach auch schlecht zusammengepasst. An solchen Abenden standen immer nur der Alkohol und die Band im Vordergrund. Kiffen passte auch gut, allerdings sollte man sich entscheiden, entweder Kiffen oder Alkohol konsumieren. Ich selbst habe mich jedoch nicht immer entschieden, und zur Belohnung musste ich mich zwischendurch übergeben. Danach war meist der Abend gelaufen. Beim nächsten Mal wollte ich mich dann wieder nur fürs Alkohol trinken entscheiden.

Hier ein Beispiel:

In der Halle, in der üblicherweise so ein Beatabend stattfand, gab es verschiedene Zonen, wo man etwas zu essen und zu trinken kaufen konnte. Zudem gab es noch eine Bar. Dort wurde hauptsächlich Asbach, Jack Daniels und Bacardi ausgeschenkt. Nach zwei Stunden Baraufenthalt war ich eigentlich schon fix und fertig. Aber einfach nach Hause gehen, das kam für mich nicht in Frage. Also vergaß ich meinen Vorsatz, an diesem Abend nur zum Alkohol zu greifen. Ich verließ die Halle und rauchte draußen einen Joint. Der haute mich total um. Ich konnte nicht mehr stehen. Irgendjemand musste mich dann nach Hause gebracht haben. Am nächsten Morgen hatte ich einen Filmriss, aber habe mich trotzdem gefreut, denn ich war immerhin ohne größere Schäden wieder zu Hause gelandet. Geldbeutel und sogar meine Jacke waren noch da. Das war nicht selbstverständlich, denn auf solchen Veranstaltungen blieben des Öfteren Jacken auf der Strecke. Irgendwo hingelegt und nicht mehr gefunden, oder jemand anderes hatte seine eigene Jacke nicht mehr erkannt und kurzerhand eine andere mitgenommen.

Ich habe es nie geschafft, an solchen Abenden nüchtern zu bleiben, war ja auch nicht Sinn der Sache. Vielleicht gab es Leute, die das wollten und auch geschafft haben, aber die gehörten nicht zu meinen Bekannten. Meine Freunde und ich haben uns jedes Mal zugeknallt. Zwischendurch gab es dann auch immer wieder mal eine Schlägerei. Keine Ahnung warum, aber fast alle zugedröhnt und größenwahnsinnig, da gab es immer einen Grund, sich mit irgendjemandem zu prügeln. Ich stand meistens daneben und hab mir das angeschaut, selbst war ich kaum in die Sache verwickelt. Ehrlich gesagt hatte ich um die Uhrzeit, zu denen die Prügeleien stattfanden, bereits große Probleme, mich einigermaßen auf den Beinen zu halten, und hatte keinerlei Bedürfnis, mitzumischen. Aber zugeschaut habe ich dem Schauspiel immer gerne. Zudem mischten meine Kumpels bei den Prügeleien sehr gerne an vorderster Stelle mit. Sie hatten es auf solche Situationen sogar förmlich abgesehen. Hatte sich eine entsprechende Situation nicht ergeben, dann wurde dafür gesorgt, dass sie sich ergab. Anschließend wurde sich dann gegenseitig die Wunden geleckt und man ging in der Bar noch einen trinken. Oder man ließ sich erst einmal ins Krankenhaus fahren und verarzten. Danach ging es direkt wieder in die Bar.

Durch mein ständiges Herumsitzen in Bierkneipen lernte ich auch den einen oder anderen Discobetreiber kennen. So kam es eines Tages, dass ich in einer Disco aushelfen durfte. Ich stand hinter der Theke und schenkte Unmengen von Alkohol aus. Zwischendurch habe ich auch immer wieder meinen eigenen Durst gestillt.

Ich lernte auch einen kennen, der eine Bar hatte und außerdem in Frankfurt ein paar Frauen laufen hatte. Auch bei ihm half ich des Öfteren in der Bar aus.

Das mit dem Bedienen kam mir sehr entgegen, ich musste mein Geld nicht mehr für Eintritt und Getränke ausgeben. Für Mitarbeiter war beides umsonst.

Dadurch bekam ich immer mehr Kontakte in die Drogenszene, was natürlich nicht wirklich förderlich für mich war.

Zudem bekam ich noch mit, dass in einem der Lokale im Hinterzimmer zu späterer Stunde gepokert wurde. Das befeuerte natürlich meine Spielsucht. So kam es, dass ich des Öfteren an einem einzigen Abend mehrere hundert Mark verspielte.

Eines Tages bat mich ein Kumpel, ihn nach Frankfurt zu fahren. Ich stimmte zu und wir fuhren direkt los. Kaum angekommen, ging er zielstrebig zum Bahnhofsviertel und besorgte sich dort ein wenig Heroin. Anschließend gingen wir ein paar Straßen weiter zu einem sogenannten Fixraum. Dort konnte man sich legal einen Schuss setzen. Mein Kumpel ging hinein und meldete sich an. Daraufhin bekam er Besteck zum Spritzen und einen Sitzplatz zugewiesen. In dem Raum waren schon mehrere Junkies zu Gange. Mein Kumpel setzte sich seinen Schuss, danach gingen wir zurück zum Bahnhof, wo er sich noch irgendwelche Tabletten besorgte, und anschließend fuhren wir nach Hause.

Solche Fixräume wurden damals in Deutschland in mehreren großen Städten eingerichtet. So sollte verhindert werden, dass sich die Drogensüchtigen gegenseitig mit Krankheiten anstecken, indem sie die gleiche Spritze verwenden. Fixräume werden auch heute noch betrieben. In Frankfurt werden sie heutzutage Fixie-stube und in Hamburg Drob Inn genannt.

Auf dem flachen Land gibt es so etwas nicht. Da geht man in die Apotheke und besorgt sich seine Spritzen. Leider ist nicht jeder Apotheker bereit, einem Junkie Spritzen zu verkaufen. Was na-türlich nicht wirklich förderlich ist in Hinblick auf das Verhindern von Krankheitsübertragungen. Ein paar Jahre später hatte ich persönlich auch einmal das Vergnügen, einen solchen Apotheker kennenzulernen. Er war recht alt und hatte keine Ahnung von Suchtkrankheiten. Den Ausdruck Suchtkrankheit kannte er über-haupt nicht. Für ihn waren Drogensüchtige einfach nur Dreck, und so ging er auch mit ihnen um.

Kapitel 3 – Erster eigener Kontakt mit Heroin

Als ich achtzehneinhalb Jahre alt war, kam es zum ersten eigenen Kontakt mit Heroin.

Es war auf einer Geburtstagsparty. Dort schnupfte ich zum ersten Mal Heroin. Mir wurde danach wahnsinnig schlecht, ich musste mich ständig übergeben, doch das Gefühl war einfach überwältigend. Es war im Winter und es lag Schnee, doch ich stand nur im T-Shirt und Jeans draußen, ich hab die Kälte überhaupt nicht gespürt, da gab es nur das abgefahrene Gefühl, das mir das Heroin bescherte. Von diesem Moment an war Heroin für mich die Königin aller Drogen.

Genau diese überwältigenden Erfahrungen sind es ja, die das Aussteigen aus der Drogenspirale so schwierig machen. Wäre das Gefühl, das Drogen auslösen, nicht so überwältigend, wäre es ja nicht so verführerisch, sie immer wieder zu nehmen. In meinem Freundeskreis gab es schon den einen oder anderen Heroinsüchtigen, aber das schreckte mich nicht ab. Ich war unverwundbar, stark und jung. Um jeden Preis wollte ich immer und immer wieder das Gefühl erleben, das die Droge in mir ausgelöst hatte.

Meine Eltern hatten schon lange keinen Einfluss mehr auf mich. Meine Veränderung hätten sie eigentlich bemerken müssen, aber wie gesagt, im Verheimlichen war ich immer schon Spitze gewesen. Einen Vorwurf kann ich also meinen Eltern nicht machen, Süchtige sind wirklich exzellent darin, Dinge zu verheimlichen und zu verbergen. Auch im Lügen war ich inzwischen absolute Weltklasse, leider gehört das mit zum Krankheitsbild. Doch selbst wenn ihnen etwas aufgefallen wäre, hätten sie sich an mir die Zähne ausgebissen. Ich hätte mir damals von niemandem etwas sagen lassen, schon gar nicht von meinen Eltern. Dafür war die Sucht mit ihren Geheimnissen zu interessant.

Von nun an wurde zum Runterfahren nach meinen Discobesuchen, bei denen ich immer noch Pillen und Speed konsumierte, Heroin genommen, wenn vorhanden, denn damit war ich wesentlich schneller wieder unten als mit Haschisch. Es dauerte nur dreißig Minuten, um im Chillmodus anzukommen. Mit Haschisch dauerte das mehrere Stunden.

Nach der Einnahme von Ecstasy merkte ich innerhalb von zehn bis zwanzig Minuten bereits die aufputschende Wirkung und nach etwa dreißig Minuten war ich voll im Film angekommen, mit all den grandiosen optischen Täuschungen und dem unwiderstehlichen Drang zu tanzen. Diese Wirkung hielt bei mir ungefähr drei Stunden an, dann wurde es unangenehm und ich habe die nächste Ecstasy nachgelegt. Die Tabletten hatten verschiedene Aufdrucke, Kleeblatt, Playboy usw. Auch die Qualität war recht unterschiedlich. Je nachdem musste ich auch die Menge unterschiedlich dosieren.

Exkurs: Ecstasy

Ecstasy ist eine sehr gefährliche Droge, weil keiner mit Sicherheit weiß, was alles in die Tabletten gepresst wurde. Ecstasy wird nicht produziert, um den Menschen Spaß zu bereiten, sondern um Geld zu verdienen. Zudem können die Dinger bei jedem Konsumenten anders wirken. Viele erleben einen Horrortrip. Andere bleiben auf einem Trip hängen und verbringen anschließend eine längere Zeit in der Psychiatrie. Von einem Bekannten hatte ich gehört, dass Leute unter dem Einfluss von Ecstasy Auto gefahren waren und dabei tödlich verunglückten. Aber auch all diese Horrorgeschichten hielten mich vom Ecstasy-Schlucken nicht ab. Allerdings stellte sich langsam eine Angst vor diesen Pillen ein und mein Konsum wurde etwas weniger.

Kapitel 4 – Silvesterparty

Ein Bekannter von mir, der sich ein paar Jahre später das Leben nahm, hatte bei sich zu Hause zur Silvesterparty eingeladen. Seine Eltern feierten auswärts, also hatte er sturmfrei. Im Haus hatte er eine eigene Partyzone eingerichtet und entsprechend dekoriert. Ungefähr fünfzehn bis zwanzig Leute trudelten ein, an die genaue Anzahl kann ich mich nicht mehr erinnern. In den ersten Stunden verlief alles noch recht normal. Es wurde eifrig getrunken, gekifft und ab und an eine Line gezogen. Doch irgendwann lief die Party total aus dem Ruder. Der Bereich der Partyzone wurde nicht mehr respektiert, überall im Haus wurde gesoffen und geraucht. Die Kippen wurden auf den Boden geschmissen und dort ausgetreten. Überall lagen Flaschen und Gläser herum. Zwei Frauen, die ich nicht kannte, stießen zur Party dazu. Die eine war nach kurzer Zeit dermaßen voll, dass ich schon dachte, sie wäre tot. Sie lag reglos am Boden und gab nicht das geringste Zucken von sich. Einige meiner Kumpels haben versucht, die Gute aufzuwecken, was dann auch nach längerer Zeit endlich gelang. Die andere vögelte im Garten mit einem der Partygänger und interessierte sich nicht wirklich für den Zustand ihrer Freundin. Sie sagte nur knapp, dass das öfters bei der so wäre.

Um Mitternacht sah das ganze Haus aus wie die Sau. Wir gingen zum Böllern nach draußen. Einer kam auf die bescheuerte Idee, zum Fenster hineinzuschießen. Gesagt, getan. Der Kracher blieb an der Lampe hängen und zerstörte sie restlos. Auch die Decke war total verrußt. In diesem Moment bog der Wagen der Eltern des Kumpels der zur Party geladen hatte, in die Hofeinfahrt ein. Eigentlich hatten sie sich erst für den nächsten Tag angekündigt, aber der Mutter ging es nicht so gut und sie hatte nach Hause gewollt. Als wir das mitbekamen, sind wir sofort über alle Berge. Den Rest der Partynacht verbrachten wir dann in der Stadt. Mein Kumpel wurde allerdings von seinem Vater aufgehalten und zur Rede gestellt. Er berichtete mir später, dass er wahnsinnig viel Ärger bekommen hatte. Was mich nicht verwunderte. Immerhin musste das Haus teilweise renoviert werden. Der Gesamtschaden lag bei mehreren tausend Mark, teilte er mir mit.

Kapitel 5 – Erste Entzugsprobleme

Mit neunzehn Jahren und nach etwa vier bis sechs Monaten häufigeren Heroinkonsums spürte ich die ersten körperlichen Symptome von Entzug, die ich damals aber nicht als solche wahrnahm, sondern lediglich dachte, ich hätte eine Erkältung.

Die „Erkältungen" häuften sich und merkwürdigerweise waren alle Beschwerden vorüber, wenn ich während der Krankheitsphase zufällig Heroin nahm. Irgendwann hatte auch ich kapiert, dass es einen Zusammenhang gab und es sich um Entzugssymptome handelte. Ich kann mich noch gut daran erinnern, wie ich versuchte, die Entzugserscheinungen mit Ibuprofen, Magentabletten und Alkohol zu bekämpfen. Diese Substitutionsmittel waren zwar nicht wirklich hilfreich, aber nach ein paar Tagen auf Entzug ging es mir dann wieder besser. Wie es der Teufel dann so wollte, bin ich in der Stadt gleich wieder einem meiner süchtigen Kumpels begegnet, der gerade Stoff besorgt hatte, und wir haben ihn umgehend zusammen konsumiert. So war meine Entgiftung gleich wieder für die Katz. Das ging einige Male so. Immer wieder entgiftet und dann gleich wieder konsumiert, total bekloppt. Da hatte mich dann wohl schon die psychische Abhängigkeit in ihren Krallen.

Meine Entzüge wurden immer schlimmer und ich konnte sie kaum noch verheimlichen. Inzwischen hatten meine Eltern auch gemerkt, dass etwas mit mir nicht stimmte, und sie schickten mich zur Suchtberatung. In dem Gespräch mit dem dortigen Suchtberater habe ich zwar offen über meinen Drogenkonsum gesprochen, allerdings alles verharmlost, denn ich dachte, dass der alles meiner Mutter erzählt. Das wollte ich natürlich auf keinen Fall. Allerdings war dies bei Licht betrachtet absurd. Schließlich war ich längst volljährig und der Suchtberater hatte meine Eltern außen vor zu lassen. Im Grunde genommen war es so, dass ich mir selbst den wirklichen Umfang meines Drogenkonsums nicht zugestehen wollte.

Da hatte ich nun den Salat. Ich war körperlich und psychisch abhängig vom Heroin. Also dachte ich: okay, ich kann und will nicht darauf verzichten, also muss ich dafür sorgen, dass jeden Tag ausreichend Stoff vorhanden ist. Meine Discobesuche waren sehr selten geworden, weil die Pillen und das Speed nicht mehr die Wirkung hatten, die mich befriedigte. Ich verbrachte inzwischen meine Freizeit zumeist bei süchtigen Freunden, wir konsumierten zusammen Heroin und gelegentlich rauchten wir noch Eimer. Dabei schauten wir Fernsehen oder hörten Musik, zwischendurch schliefen wir immer mal wieder ein. Kaum waren wir wieder aufgewacht, konsumierten wir die nächste Nase. Gelegentlich ging zusätzlich ein Joint herum.

Einmal rief mich ein Heroinabhängiger an und fragte mich, ob ich ihm mit etwas Material aushelfen könne. Ich sagte es ihm zu, setzte mich ins Auto und fuhr zu ihm hin. Er wohnte nur wenige Kilometer von mir entfernt. Er selbst hatte weder Auto noch Führerschein, genauer gesagt, beides war längst den Drogen zum Opfer gefallen. Dort angekommen ging ich zu ihm rein. In der Wohnung fehlte es an allem. Für neue Einrichtungsgegenstände und Komfort war kein Geld da. Die Sucht hatte längst alles aufgefressen. Ich setzte mich zu ihm auf die Couch. So eine Couch hatte ich noch nie vorher in meinem Leben gesehen. Total verdreckt und an mehreren Stellen zerrissen. Auf dem Tisch standen ein paar leere Bierflaschen. Er kauerte neben mir mit tellergroßen Pupillen und zitterte am ganzen Körper. Der Entzug war ihm auf den ersten Blick anzusehen. Ich legte mein Material auf den Tisch und fragte, ob ich ihm eine Nase zurechtmachen solle. Bevor man das Heroin schnupfen kann, muss man es möglichst pulvrig hacken. Er sagte, dass er es lieber spritzen wolle. Ich hatte nichts dagegen und er holte sein Equipment und bereitete sich eine Injektion vor. Er war so zittrig, dass er seine Venen immer wieder durchstach, das Blut seinen ganzen Arm hinunterlief und von dort auf den Tisch tropfte. Nach mehreren Versuchen fragte er mich, ob ich das für ihn erledigen könne. Ich verneinte, denn zu diesem Zeitpunkt hatte ich noch keine Erfahrung mit dem Spritzen. Ich schlug ihm stattdessen vor, erst einmal eine Nase zu schnupfen und später, wenn der Entzug sich gelegt habe, dann könne er sich ja immer noch einen Schuss setzen. Erst nach weiteren gescheiterten Versuchen der Injektion ließ er sich auf diesen Vorschlag ein. Nach ein paar Minuten ging es ihm schon besser und er probierte es erneut mit dem Spritzen. Aber irgendwie wollte es nicht klappen. Das Martyrium schaute ich mir dann noch eine Weile an. Irgendwann wurde es mir aber zu viel und ich redete mich heraus, dass ich noch ein Date hätte. Ich ließ ihm noch etwas Material da, weil er mir leid tat, und ich fuhr nach Hause.

Einige Jahre später ist dieser Kumpel an einer Überdosis gestorben.

Am nächsten Morgen bin ich dann wieder zur Arbeit. Ich hatte zum Glück meine Arbeitsstelle noch. Vor Kurzem hatte ich ausgelernt und hab ordentliches Geld verdient. Zu Anfang reichte mein Gehalt aus, um jeden Tag etwas Heroin nehmen zu können. Nur wurde die Gier in meinem Gehirn und meinem Körper immer größer, ich musste immer mehr nehmen, nur um allein die Entzugserscheinungen im Griff zu behalten. Die fantastischen Gefühle, die das Heroin am Anfang ausgelöst hatte, waren mittlerweile kaum noch vorhanden.

Kapitel 6 – Beschaffung

Von meinem Dealer Innerorts konnte ich mir die größeren Mengen nicht mehr leisten, zudem war auf ihn kein Verlass, mal hatte er was, mal nicht. Hatte er nichts, bedeutete das, ich bekam Entzugserscheinungen, und die wurden immer heftiger. Eine akute Magen-Darm-Grippe ist nichts dagegen. Es kam auch häufiger vor, dass ich mit Entzugssymptomen zur Arbeit gegangen bin, ich konnte mich ja nicht ständig krank melden. Auf Entzug arbeiten ist die Hölle. Dieses ständige Frieren, die Schmerzen, das Zittern, immer wieder auf Toilette verschwinden müssen, nicht wissend, ob es diesmal oben oder unten rauskommt, und dann auch noch Leistung bringen. Das wünsche ich wirklich niemandem.

Bei meinen „Freunden" gab es auch nur sporadisch Stoff, denn sie waren ja selbst abhängig und verbrauchten jeden Krümel lieber für sich selbst.

Mein Freundeskreis wurde auch immer kleiner, denn immer wieder mal landete einer im Knast. Gemäß der deutschen Gesetzgebung: Das Konsumieren ist erlaubt, aber nicht das Besitzen. Diese Rechtsprechung geht mir nicht in den Kopf.

Einmal wollte mir ein Kumpel Material aus Frankfurt mitbringen. Dazu gab ich ihm 100 Mark mit.

Er sagte, dass er ungefähr in drei bis vier Stunden wieder bei mir wäre.

Schon als ich ihm das Geld gegeben hatte, hatte ich einen leichten Entzug gehabt. Jetzt galt es also noch drei, eher vier Stunden zu warten, bis ich mein Zeug endlich bekommen würde. Auf Entzug zu warten, das ist die Hölle. Einfach nur dasitzen und nichts machen können, und dazu noch die Entzugserscheinungen ertragen müssen. Nach zwei Stunden Wartezeit keimte in mir die Hoffnung auf, dass mein Kumpel vielleicht schneller zurück wäre als erst nach den veranschlagten drei bis vier Stunden. Bei jedem Auto, das an meinem Wohnhaus vorbeifuhr, rannte ich ans Fenster und hoffte inständig, dass er es wäre. Leider war er es nicht. Mit jeder Minute, die verging, wurde die Hoffnung in mir größer, aber auch mein Entzug immer schlimmer, sodass ich mich erst mal übergeben musste. Als drei elend lange Stunden vorüber waren, stand ich nur noch am Fenster. Vergeblich, mein Kumpel kam einfach nicht bei. Ich hätte die Wände hochgehen können. Meine Nervosität wuchs und wuchs. Nach vier Stunden Wartezeit rief ich ihn auf dem Handy an. Er ging nicht ran. Er musste also von der Polizei erwischt worden sein! Ich lag auf meinem Fußboden und war total verzweifelt, und mein Entzug war in vollem Gange. Nach weiteren zwei Stunden klingelte mein Telefon, es war mein Kumpel. Er sagte, dass es noch etwas länger dauere, weil er noch jemanden besucht habe, aber in circa einer Stunde sei er bei mir. Ich war zwar total angefressen, weil er mir von dem Besuch vorher nichts gesagt hatte, aber ich freute mich trotzdem riesig, dass er nicht von der Polizei erwischt worden war und ich mein Zeug bald bekommen würde. Nach weiteren zwei Stunden war er endlich bei mir und gab mir mein

Zeug. Ich schnupfte sofort eine Nase und innerhalb von Minuten ging es mir prächtig.

Ich ließ mir die letzten Stunden noch einmal durch den Kopf gehen und stellte fest, dass man sich in diesem „Geschäft" am besten selbst hilft. Ansonsten ist man wirklich aufgeschmissen und regelrecht ausgeliefert.

Weil ich mich also auf niemanden verlassen konnte, außer auf mich selbst, wurde ich immer mehr zum Einzelgänger. Ich habe dann entschieden, mir mein Zeug auf eigene Faust zu besorgen, hierzu fuhr ich nach Frankfurt an den Bahnhof. Es gab zwar auch noch einen speziellen Park, wo sich die Drogenszene traf, aber dort wollte ich nicht hin.

Am Bahnhof lebte zum damaligen Zeitpunkt die Szene, allerdings nur hochgradig Süchtige, von denen ich nicht unbedingt etwas kaufen wollte, denn da hätte ich wahrscheinlich nur Mist bekommen. Am Bahnhof ging es wirklich übel zu, in einigen Ecken saßen Junkies und setzten sich einen Schuss, vor den Augen der Öffentlichkeit. Die Leute waren teilweise total am Ende, viele von ihnen waren obdachlos. Manche lagen in ihrem eigenen Urin und stanken fürchterlich nach Alkohol. All das schreckte mich aber nicht ab. Also nahm ich Kontakt mit einem Leidensgenossen auf, der etwas abseits saß und noch einigermaßen fit aussah. Ich wusste ja, dass die Süchtigen, die hier in der Stadt lebten, genau wussten, wo man ordentlichen Stoff herbekam, ihnen fehlte allerdings immer Geld. Also habe ich meinen neuen „Freund" dafür bezahlt, dass er mich mit seinem Kontakt bekannt machte. Das Ganze ging dann auch reibungslos über die Bühne, der Dealer hatte kein Problem mit mir. Nur hatte er keinen Stoff dabei, ich musste erst noch mit ihm durch halb Frankfurt mit der U-Bahn fahren, bis wir endlich an seinem Bunkerplatz angekommen waren. Die meisten Dealer tragen die Drogen nicht spazieren, sondern deponieren diese an speziellen Orten. Dort bekam ich dann endlich mein Zeug und bin zufrieden nach Hause gefahren.

Die Menge, die ich gekauft hatte, reichte mir jedoch nur für eine Woche. Ich hatte dafür 350 D-Mark bezahlt.

Einschließlich der Benzinkosten und dem einen oder anderen Fehlkauf waren es dann im Monat etwa 2000 Mark, die ich ausgeben musste. Diese Summe hatte ich nicht zur Verfügung, also bin ich zur Bank gegangen und habe einen Kredit aufgenommen.

Die Reinheit des Heroins, war jedes Mal sehr unterschiedlich, mal besser mal schlechter, danach gestaltete sich dann auch die Konsummenge.

Heroin wird in der Drogenszene auch als Shore, Age oder Braunes betitelt.

Als kleiner Konsument ist es sehr schwierig, an guten Stoff heranzukommen. Die Großdealer verkaufen ja nicht an Konsumenten, sondern an andere Dealer, sogenannte Kleindealer, die das Zeug dann noch einmal mit Edelweiß oder anderen geeigneten Streckmitteln vermischen, um mehr Geld verdienen zu können. Die beste Qualität konnte man in Holland erwerben, aber wegen ein paar Gramm extra nach Holland zu fahren und die Gefahr von Polizeikontrollen auf sich zu nehmen, war dann doch nicht mein Ding. Ein einziges Mal habe ich allerdings diese Prozedur auf mich genommen. Ich bin mit zwei meiner Kumpel nach Venlo gefahren, ein Ort nahe der Grenze zu Deutschland, und wir haben dort Heroin gekauft. Auf dem Heimweg sind wir dann tatsächlich in der Nähe von Köln von der Polizei angehalten worden. "Scheiße", ging es mir durch den Kopf, jetzt musst du ins Gefängnis. Die Polizei forderte uns auf auszusteigen, was wir auch taten. Wir wurden zusammen befragt, was wir hier machten. Wir hatten uns vorher eine Geschichte zurechtgelegt und sagten alle drei einhellig aus, dass wir Freunde in Köln besucht hätten. Die Polizisten fanden unsere Geschichte schlüssig und kontrollierten noch unsere Personalien. Dabei stellten sie fest, dass gegen einen meiner Kumpels ein Haftbefehl vorlag. Infolgedessen wurden wir alle ans Auto gestellt, wie in einem Krimi, und auf Waffen untersucht. Doch keiner von uns führte irgendwelche gefährlichen Utensilien mit sich. Nach der Waffenkontrolle wurde der mit Haftbefehl Gesuchte vom Fleck weg verhaftet. Wir beiden anderen konnten anschließend weiterfahren, ohne dass eine genauere Durchsuchung unseres Wagens stattgefunden hatte. Zu Hause ist mir dann erst gedämmert, dass ich wahnsinniges Glück gehabt hatte, nicht auch von der Polizei mitgenommen worden zu sein. Hätten die Beamten nämlich intensiv nach Drogen gesucht, dann wären sie auch fündig geworden, sie hätten zwar keine Riesenmengen gefunden, aber für eine vorläufige Verhaftung hätte es gereicht. Den größten Teil hatte der verhaftete Kumpel bei sich. Doch die Polizei hatte nichts gefunden. Der Grund war, dass wir nur äußerlich untersucht worden waren, den Stoff hatte der Verhaftete jedoch in seinem Körper gehabt und der Rest lag im Auto.

Kapitel 7 – Urlaub in Fuerteventura

Drei Wochen später flog ich mit meinen Eltern in den Urlaub nach Fuerteventura. Im Vorfeld hatte ich hin und her überlegt, wie ich die Sache mit der Sucht am besten handhaben könnte. Einen Entzug im Urlaub wollte ich nicht auf mich nehmen. Ich überlegte mir, den Entzug bereits vorher zu Hause zu machen, indem ich das Heroin Schritt für Schritt niedriger dosierte. Das habe ich auch versucht, aber Heroin kontinuierlich herunter zu dosieren, ist nicht einfach. Mein Suchtgedächtnis hatte immer wieder dazwischengefunkt und ich nahm dann doch mehr Heroin, als ich geplant hatte. Zwei Tage vor dem Abflug war ich noch nicht ansatzweise ausdosiert und ich beschloss, den Entzug dann doch im Urlaub zu machen. Aber ich hatte mir das selbst schöngeredet. Ich dachte, am Strand und in der Sonne würde der Entzug schon nicht so schlimm werden. Meinen Eltern wollte ich von meiner Heroinabhängigkeit natürlich nichts sagen. Ich hatte noch kurz erwogen, mir einfach genug Material mitzunehmen, aber ich hatte weder das Geld für zwei Wochen Heroin, noch den Mut, das ganze Zeug mit ins Flugzeug zu schleppen. Also kam der Tag, an dem es nach Fuerteventura ging. Ich zog zu Hause schnell noch eine Nase und packte die restlichen Krümel in meinen Geldbeutel. Im Hotel endlich angekommen, bezogen wir unser Zimmer. Wir hatten eine Familiensuite mit drei Betten, kleiner Küche und Wohnraum mit Balkon. Als wir unsere Koffer ausgepackt hatten, machte ich einen Rundgang durch die Hotelanlage und nahm alles unter die Lupe. Ich entdeckte einen kleinen Park mit Palmen, Blumen und Sitzbank. Dort setzte ich mich hin und schaute mich um. Ich war ganz alleine hier. Dann packte ich meine letzten Krümel Heroin aus. Ich hatte zwar gehofft, dass es noch ein Weilchen reichen würde, aber beim ersten Blick darauf wurde ich wieder auf den Boden der Tatsachen zurückgeholt. Ich hatte nur noch eine Nase, mehr nicht. Die ersten Entzugserscheinungen stellten sich auch schon so langsam ein, also schnupfte ich mein letztes Heroin. Nun saß ich da auf der Bank und mir wurde erst so richtig bewusst, dass mir in den nächsten Tagen ein Heroinentzug bevorstand.

Der erste Tag verlief dann noch recht entspannt, wir waren am Strand und sind abends etwas essen gegangen. Als wir zurück zu unserem Hotel schlenderten, bemerkte ich bereits die ersten Entzugssymptome. Ich konnte dann die ganze Nacht nicht schlafen, und meine Eltern haben auch gemerkt, was los war. Die nächsten sieben Tage waren die Hölle, nicht nur für mich, sondern auch für meine Eltern. Am achten Tag ging es mir einigermaßen und wir alle konnten anfangen, den Urlaub zu genießen. Die nächsten Tage waren dann auch wirklich schön, Sonne, Strand und keine Entzugserscheinungen. Ich hab mich riesig gefreut, endlich suchtmittelfrei zu sein. Nach vierzehn Tagen war dann der Urlaub vorüber und wir sind nach Hause geflogen.

Zu Hause angekommen, bin ich direkt zu einem Kumpel. Wie es der Teufel so wollte, hatte der erst kurz vor meiner Rückkehr aus dem Urlaub neues Heroin besorgt. Wir saßen zusammen am Tisch und ich berichtete von meinem Entzug im Urlaub. Währenddessen schnupfte er vor meinen Augen eine Nase Heroin. Ich war zwar körperlich entgiftet, aber mein Gehirn gierte sofort wieder danach, unbedingt Stoff haben zu wollen. Also wurde ich noch am selben Tag, an dem ich aus dem Urlaub zurückgekommen war, rückfällig. Ich brauchte wieder täglich mein Heroin und der Kampf mit der Beschaffung ging weiter.

Exkurs – Heroinentzug

Der Heroinentzug beginnt meist schon fünf bis sechs Stunden nach der letzten Einnahme. Der Prozess beginnt schleichend. Die ersten Stunden verspürt man ein Unwohlsein mit Nervosität und erhöhter Reizbarkeit. Danach setzen die körperlichen Entzugserscheinungen ein. Schmerzen in den Armen, Beinen und im Rücken. Hinzu kommen Übelkeit und Erbrechen, starke Bauchkrämpfe und Durchfall. Ständiges heftiges Schwitzen und Frieren treten gleichzeitig auf. Diese Symptome dauern ungefähr vier bis sieben Tage an, zusammen mit Unruhe, Schlaflosigkeit und der blanken Gier nach dem Heroin. Danach werden die Symptome erträglicher. Nach zehn bis vierzehn Tagen hat man den körperlichen Entzug überstanden, zumindest in den Anfangsjahren.

Dann folgt der psychische Entzug, der Kampf gegen die Gier nach dem Stoff. Begleitend treten oft Angststörungen und Depressionen auf. All das zusammengenommen führt zumeist zu einem Rückfall in die körperliche Sucht.

Je länger Heroin konsumiert worden ist, desto schwieriger und teilweise auch zeitintensiver werden die Entzüge. Die Schmerzen und die Schlafstörungen können viele Wochen anhalten.

Beim Entzug von Codein und Methadon verdoppeln oder verdreifachen sich sogar die körperlichen Entzugszeiten. Der Entzug kann Monate dauern, wenn ein extremer Missbrauch betrieben wurde. Dies schon mal vorweggenommen.

Kapitel 8 – Erfahrungen mit Rohypnol

Das Medikament Rohypnol ist ein starkes Benzodiazepin (Beruhigungsmittel). Meine ersten Erfahrungen mit Rohypnol machte ich, als ich wieder einmal kurz vor dem Entzug stand und nicht genug Geld hatte, um mir Heroin zu kaufen. Ich hatte von meinen Drogenkumpels gehört, dass der Entzug vom Heroin angenehmer wäre, wenn man Rohypnol einnähme. Das Medikament gibt es als Tabletten, aber auch als Tropfen. In Tropfenform wird es oftmals auch missbraucht, um Menschen gefügig zu machen, man bezeichnet es daher auch als „Ko-Tropfen".

Mein Ziel war Rohypnol in Tablettenform. Ich fuhr nach Frankfurt an den Bahnhof, sprach den Erstbesten an und fragte, ob er jemanden kenne, der Rohypnol verkaufe. Davon gäbe es hier sehr viele, bekam ich zur Antwort, und er wäre bereit, mir jemanden vorzustellen, wenn er dafür einen Streifen abgetreten bekäme. In einem Streifen (Blister) waren zehn Stück enthalten. Ich stimmte zu und wir gingen ein paar Meter weiter zu einer kleinen Gruppe von Abhängigen. Dort teilte er mein Anliegen mit und ich wurde ohne Umschweife gefragt, wie viel ich wolle. Ich sagte, dass ich vierzig Mark hätte. Für mein Geld bekam ich dann vier Streifen. Einen gab ich wie ausgemacht meinem Vermittler, und mit dem Rest in der Tasche fuhr ich wieder nach Hause. Dort angekommen, nahm ich dann zwei Tabletten. Der Entzug wurde erträglicher, aber die Entzugssymptome waren trotzdem vorhanden, nur etwas gedämpfter. Durch die Einnahme der Tabletten stand ich ganz schön neben mir. Die Dinger haben wirklich eine starke Wirkung, aber leider nicht so eine angenehme wie Heroin. Ich war irgendwie total verpeilt und musste ständig schlafen. An Arbeiten gehen mit diesen Dingern intus war überhaupt nicht zu denken. Ein paar Tage später bekam ich wieder mein Gehalt und bin direkt nach Frankfurt gefahren. Dort besorgte ich mir wieder Heroin. Zwei Wochen später war mein Gehalt wieder aufgebraucht und ich konnte mir kein Heroin mehr leisten. Zu Hause hatte ich allerdings noch zwanzig Rohypnol, wovon ich dann noch einen Streifen gegen eine Nase Heroin eintauschte. Als der Entzug dann wieder in vollem Gang war, meldete ich mich krank und schluckte zu Hause wieder meine Rohypnol und trank Whisky dazu.

Zum Rohypnol später noch mehr!

Kapitel 9 – Erste stationäre Entgiftung

Nun war der Zeitpunkt gekommen. Ich war dreiundzwanzig Jahre alt und körperlich, psychisch und finanziell am Ende. Mein Arbeitgeber war inzwischen im Bilde, meine Eltern sowieso, und sie machten Druck. Also, einzige Möglichkeit: eine Therapie. Ich vereinbarte einen Termin bei meinem Suchtberater, den ich mittlerweile schon ein paar Jahre kannte, und hab mit ihm zusammen eine Drogentherapie beantragt. Der Suchtberater hat sich ehrlich gefreut, dass ich endlich bereit war, mich darauf einzulassen. Die Therapie wurde nach sechs Wochen Wartezeit genehmigt.

Ich hatte wahnsinnige Angst davor, vor der Entgiftung und vor der neuen Situation. Aber es half alles nichts, ich musste hin.

Am Morgen, bevor ich zur Entgiftung sollte, habe ich mir noch meinen letzten Stoff gegeben. Das war dann etwas zu viel und man brachte mich mit dem Krankenwagen in die Entgiftungsklinik.

Nach etwa ein bis zwei Tagen im Koma bin ich langsam zu mir gekommen. Ich hatte einen fürchterlichen Affen, so nennt man in der Szene den Entzug, und wäre am liebsten gleich wieder heim. Das ging allerdings nicht, ich musste nämlich feststellen, dass ich eingesperrt war in der Station K3.

Auf der Entgiftungsstation gab es ungefähr zwanzig Drogensüchtige, Männer und Frauen gemischt. Da das meine erste stationäre Entgiftung war, vorher hatte ich ja immer zuhause entzogen, fand ich das recht spannend. Es gibt zwei Arten von Entzügen, den kalten und den warmen Entzug. Beim warmen Entzug bekommt man Medikamente zur Linderung der Entzugssymptome und beim kalten Entzug nicht. Um mich herum gab es also lauter solche Vögel wie mich, die aus meiner damaligen Sicht spannende Geschichten auf Lager hatten, welche sie auch stolz zum Besten gaben. Trotz der ganzen Geschichten, gelitten haben wir alle, weil auch der warme Entzug trotz Medikamentengabe wahnsinnig anstrengend und schmerzhaft ist. Ich vermute, das wird von den Ärzten absichtlich so gehandhabt, damit es den Süchtigen nicht zu wohl ist bei der Entgiftung, irgendwie hatte ich immer das Gefühl, dass wir spüren sollten, dass wir Menschen zweiter Klasse waren.

Exkurs – Unterschiede zwischen Alkohol- und Drogentherapie

Ein Alkoholiker ist gesellschaftlich akzeptierter als ein Drogen-süchtiger. Doch meiner Meinung nach ist es egal, welche Sucht einen beherrscht, krank ist krank. Zwischen Drogentherapie und Alkoholtherapie gibt es allerdings ebenfalls einen himmelweiten Unterschied, schon die Therapieeinrichtungen unterscheiden sich gewaltig. Alkoholiker werden meist in ansehnlichen, ja sogar prachtvollen Gebäuden behandelt, wie es zum Beispiel die Saa-letalklinik in Bad Neustadt ist, doch für Drogenabhängige gibt es nur irgendwelche heruntergekommene Gutshöfe. Zudem ist die Alkoholtherapie wesentlich entspannter als die Drogentherapie, bei der man sich wie ein Stück Vieh fühlt.

Dazu später mehr.

Übrigens, haben Sie's gewusst?

Drogensüchtige denken immer, dass der Alkoholiker der letzte Dreck ist. Alkoholiker denken immer, dass der Drogensüchtige der letzte Dreck ist.

Irgendwie absurd, oder?

Kapitel 10 – Die erste Drogentherapie

Nach zwei Wochen Entgiftung im Krankenhaus fuhr ich direkt weiter zur Drogentherapie. Mir ging es noch gar nicht gut, da musste ich mich in der neuen Umgebung schon zurechtfinden. So eine Drogentherapie ist furchtbar, sie findet ja nicht gut behütet an einem angenehmen Ort statt wie eine Alkoholtherapie, sondern an allem wird gespart, und der Ton ist sehr rau. Meine Unterkunft, ein Doppelzimmer, war ausgesprochen dürftig ausgestattet, alleine das Bett war eine Katastrophe, nicht nur, dass es noch aus der Ritterzeit zu stammen schien, nein, die Matratze war noch viel älter. Okay, das ist jetzt vielleicht etwas übertrieben, aber so war mein erster Eindruck.

Ich lernte bald meinen Zimmerkollegen kennen. Was für ein Typ, total hektisch und verpeilt. Er hatte einen Tag zuvor einen Rückfall gehabt und nun die Aufgabe bekommen, aufzuschreiben, wie es dazu kommen konnte. Angestrengt und mit sorgenvoller Miene saß er über seinen Notizen. Er führte sich auf, als würde er eine Masterarbeit verfassen müssen. Jeden Pieps, den ich machte, rügte er mit einem scharfen Blick. Alle meine Fragen, die ich ihm zu stellen versuchte, wurden ignoriert. Das wäre normalerweise nicht schlimm gewesen, allerdings war mein Zimmerkollege zugleich mein Pate. Pate bedeutete: Jeder Neuankömmling bei der Therapie bekam jemanden zugewiesen, der schon länger dabei war. Und dieser Pate sollte sämtliche Fragen des Neulings beantworten und ihm auch das Therapiegebäude zeigen. Leider war mein Pate vollauf mit sich selbst beschäftigt.

Ich war froh, als der erste Tag endlich vorüber war, und ging zu Bett. Aber an Schlaf war nicht zu denken, denn mein Kollege kruschte noch bestimmt zwei Stunden im Zimmer herum. Als es sich dann endlich auch hingelegt hatte, begann er bald heftig zu schnarchen, und das ging die ganze Nacht hindurch so weiter.

Ich tat dadurch kein Auge zu und war deshalb froh, als ich am nächsten Morgen aufstehen und zum Frühstück gehen konnte. Meinen Kollegen fragte ich noch, ob er mit zum Frühstück gehe, doch mir wurde nur eine Geste der Ablehnung zuteil.

Ich machte mich auf den Weg und fand recht schnell die, nennen wir es mal, Kantine. Sie auszumachen war allerdings nicht besonders schwer, ich musste mich nur am Lärm orientieren, der mir schon von Weitem entgegenschallte. Natürlich wusste ich nicht, wo ich mich hinsetzen durfte. Ich fragte nach und daraufhin wurde mir ein Platz zugewiesen. Ich setzte mich also dort an den Tisch und fand mich inmitten lautstarker Mitpatienten wieder. Ich wollte mich vorstellen, aber es interessierte keinen, wer ich war, also hörte ich mit dem Vorstellen gleich wieder auf, nachdem ich meinen Namen genannt hatte. Ich schnappte mir etwas zu essen vom Tisch und aß. Nach zehn Minuten war ich fertig und wollte gehen. Da wurde ich darauf hingewiesen, dass man erst aufstehen dürfe, wenn der Küchenverantwortliche das Signal dazu gäbe. Also wartete ich ab. Einer meiner Tischkollegen war jetzt auch fertig mit dem Essen, und ohne Umschweife fragte er mich breit grinsend, ob ich Drogen bräuchte. Ich lehnte ab, jetzt kam auch das Signal vom Küchenchef, dass das Frühstück beendet sei und wir aufstehen dürften.

Ich ging zurück auf mein Zimmer und wollte meinen Zimmerkollegen fragen, wie es jetzt weitergehe. Leider war das Zimmer leer, also schlenderte ich auf eigene Faust durch das Therapiegebäude auf der Suche nach einem Verantwortlichen. Unterwegs fragte ich einen anderen Mitpatienten, wo ich jemanden finden könnte. Mir wurde der Weg zur Leitung beschrieben. Als ich dort ankam, nannte ich meinen Namen und bekam einen Therapieplan in die Hand gedrückt. Auf dem stand, ich solle mich im Reinigungsteam melden. Also machte ich mich auf den Weg dorthin, und kaum angekommen, schnauzte mich als Erstes der Mitpatient, der das Reinigungsteam leitete, an, weil ich zu spät war. Ich erhielt die Anweisung, die Toiletten zu reinigen. Ich fing an und putzte ein Klo nach dem anderen, aber alle zwanzig Minuten kam mein Vorarbeiter und maulte herum. Angeblich würde das schneller und sauberer gehen. So sah also die Arbeitstherapie aus. Klos putzen. Irgendwann war die „Arbeitstherapie" für diesen Tag erledigt und ich ging zur nächsten Anwendung. Auf meinem Plan stand Fitnesstraining, ich hasse Fitnesstraining, aber egal, ich ging hin und strampelte dreißig Minuten auf einem Hometrainer, danach war mein Therapieplan abgearbeitet. Abends bin ich zu einem Verantwortlichen gegangen und habe ihn gebeten, mich aus der Reinigungsgruppe herauszunehmen. Er war nicht bereit, meinen Therapieplan zu ändern. Ich müsse mich halt durchbeißen, sagte er nur knapp. Zähneknirschend und restlos bedient ging ich auf mein Zimmer, wo mein verrückter Zimmerkollege wieder an seiner „Masterarbeit" saß. Ich legte mich aufs Bett, ließ den Tag mit seinen Erniedrigungen an mir vorüberziehen und dachte über mich, mein Leben und die Therapie nach. Ich versuchte zu analysieren, warum das hier so war, wie es war.

Es gab im Hause etwa fünfzig Drogensüchtige, darunter auch ich. Den ganzen Tag gab es nur Gezeter und lautstarke Diskussionen bis hin zur Prügelei.

Dazu muss man wissen, dass an einer Drogentherapie mindestens 95 % der Drogensüchtigen auf Anordnung eines Gerichts teilnahmen, sie waren also zu Therapie statt Strafe verurteilt wurden. Ich gehörte zu der verschwindenden Minderheit von höchstens 5 %, die ohne gerichtliche Anordnung hier waren. Auf dem Hintergrund der Erfahrungen, die ich in den nächsten Tagen sammelte, ist mir folgendes völlig klar geworden:

Wenn eine Therapie vom Gericht erzwungen wird, dann muss das für diejenigen Straftäter, die bereits Knasterfahrung mitbringen, in einer Einrichtung erfolgen, wo diese knasterfahrenen Straftäter unter sich sind. Denn alle anderen, die ohne Gerichtsanordnung zur Therapie gekommen sind, mit dem ehrlichen Willen, die Sucht zu besiegen, gehen sonst sang und klanglos unter.

Außerdem müssten die Therapiegruppen auf fünfzehn Personen beschränkt werden. Das gilt insbesondere für die Straftäter ohne Knasterfahrung, aber erst recht für Drogenabhängige, die sich freiwillig der Therapie unterziehen. Je kleiner die Gruppe, desto individueller kann therapeutisch gearbeitet werden. Nicht zu unterschätzen ist darüber hinaus eine ansprechende, ordentliche Unterbringung. Noch besser wäre sogar, eine gemischte Gruppe von Drogenabhängigen und Alkoholikern einzurichten, wobei der Anteil der Alkoholiker leicht in der Überzahl sein sollte. Selbst Drogensüchtige ohne Knasterfahrung haben im Zuge ihrer Suchtkarriere nahezu ihr gesamtes soziales Benehmen verlernt, viele kommen von der Straße, und daher gestaltet sich eine Therapie sehr schwierig. Als Drogensüchtiger kämpfst du täglich darum, deinen Stoff zu bekommen, der Alkoholiker muss lediglich in den Supermarkt gehen, um seinen Stoff zu besorgen, er kennt keinen Beschaffungsstress.

Dieser Unterschied sollte unbedingt berücksichtigt und auch für die Therapie genutzt werden.

Kapitel 11 – Selbstentlassung aus der Drogentherapie

Nach fünf Tagen Drogentherapie hatte sich mein fester Wille, die Therapie bis zum Ende durchzuziehen, erledigt. Ich konnte die Umstände, die um mich herum herrschten, einfach nicht mehr ertragen. Nachts im Bett hatte ich noch überlegt, ob ich es nicht doch noch weiterhin versuchen sollte. Morgens beim Aufstehen war ich immer noch hin und hergerissen. Immer kreisten die Gedanken, ob die ganze Prozedur mir vielleicht doch würde helfen können. Aber die allgemeine Situation vor Ort konnte ich mir beim besten Willen nicht schönreden. Ich bin noch zum Frühstück und anschließend zu meiner Arbeitstherapie. Danach auch noch zum Mittagessen. Über das Essen möchte ich mich jetzt nicht beschweren. Es ist bestimmt schwierig, für fünfzig Personen zu kochen, mit einem kleinen Budget. Anschließend ruhte ich mich auf meinem „Ritterbett" ein wenig aus und machte mir noch einmal Gedanken. Jetzt entschied ich, dass die Therapie sofort für mich zu Ende war. Zum Glück konnte ich jederzeit gehen, ich hatte ja keine Gerichtsanordnung.

Ich ging. Etwa 500 Meter entfernt von meinem „neuen Zuhause" landete ich direkt in einer Kneipe und schluckte mit Jack Daniels meinen Frust über die Therapie hinunter. Anschließend rief ich einen Freund an und bat ihn, mich abzuholen. Wir sind zusammen zum Therapiegebäude zurück und ich habe meine Sachen abgeholt, die ich, gleich nachdem meine Entscheidung gefallen war, schon zusammengepackt hatte. Dann musste ich nur noch einen Zettel unterschreiben und die Therapie war beendet.

Kapitel 12 – Zurück zum Heroin

Zu Hause ging der Drogenkonsum wieder weiter, als wäre nichts geschehen. Die Drogenmengen wurden wieder größer, Alkohol kam nach Schichtende dazu und ich nahm wieder einen neuen Kredit auf. In der Firma hatte ich erzählt, dass die Drogentherapie erfolgreich war und ich sie vorzeitig hatte beenden können. Das wurde dann auch nicht lange hinterfragt und ich konnte direkt wieder anfangen zu arbeiten.

Ab einem gewissen Zeitpunkt beschloss ich, das Heroin nicht mehr zu schnupfen, sondern zu spritzen, denn ich wollte unbedingt die grandiosen Trips, wie ich sie aus der Anfangszeit kannte und die ich sehr vermisste, wieder erleben. Zum anderen wäre das eine Möglichkeit, etwas Stoff einzusparen. Beim Spritzen brauchte ich nicht ganz so viel Material wie beim Schnupfen. Mit drei bis vier Injektionen kam ich gut über den Tag und die Nacht. Allerdings geriet die Prozedur, das Heroin spritzfähig zu machen und dann noch in die Vene zu schießen, oft zum Alptraum. Das Heroin musste ja flüssig sein, um es spritzen zu können, also kochte ich es mit etwas Wasser, Zitronensaft oder Ascorbinsäure (Vitamin C) auf einem Löffel auf, indem ich den Löffel von unten mit einem Feuerzeug erhitzte. Dann wurde es mit einer Insulinspritze durch einen Filter, meistens einen Zigarettenfilter, aufgezogen und anschließend gespritzt. Bevor ich spritzen konnte, musste ich mir noch den Oberarm abbinden, um die Vene besser treffen zu können, genau wie es beim Hausarzt bei der Blutabnahme passiert. Allerdings besitze auch ich nur zwei Arme und Hände, also musste ich den einen Arm abbinden, den Gürtel mit den Zähnen festhalten und mit der freien Hand die Spritze in mich hinein ballern. Oftmals musste ich immer wieder auf mich einstechen, bis ich endlich eine Vene getroffen hatte. Wenn ich dann Pech hatte, war die Nadel der Spritze durch die vielen Versuche verstopft und ich musste mit der Prozedur von vorne beginnen, es ist ein regelrechtes Martyrium, was man sich da selbst antut, aber wenn dir der AFFE, also der Entzug im Genick sitzt, bist du zu allem bereit.

Die Sucht wurde damit immer schlimmer, allein wegen der ganzen Utensilien, die ich nun immer mit mir herumschleppen musste, Insulinspritze, Ascorbinsäure, Löffel, Heroin im Briefchen (so wurde das Heroin verpackt), Wasser, und dann galt es noch, einen geeigneten Platz finden, wo man sich ungestört einen Schuss setzen konnte.

Auf der Arbeit war es auch immer eine waghalsige Aktion, mir einen Schuss zu setzen. Aber mir blieb keine andere Wahl. Wenn ich es nicht gemacht hätte, wäre der Entzug über mich gekommen, und das wollte ich auf keinen Fall. Wenn ein Schuss fällig war, bin ich auf der Toilette verschwunden und habe dort die ganze Prozedur durchgezogen. Immer mit der Angst im Nacken, dabei erwischt zu werden. Es kam vor, dass ich mich mit der Dosierung etwas verhauen hatte, dann bin ich auf der Toilette eingenickt. Nach dem Aufwachen musste ich schnell meine Utensilien zusammenpacken und wieder an meine Arbeit gehen. In der Hoffnung, dass mich keiner vermisst hatte.

Das Ganze wurde immer mehr zum Alptraum.

Immer öfter hatte mich auch die Polizei im Visier, was nicht unbedingt förderlich für mich war. Denn wie gesagt, konsumieren darf man Heroin, nur besitzen nicht.

So kam es, dass ich des Öfteren des Drogenbesitzes überführt wurde und zu Geldstrafen verurteilt wurde. Hallo? Geldstrafen! Geld hatte ich doch sowieso schon fast keins mehr, weil längst alles für die Sucht draufging. Zum Glück halfen mir damals meine Eltern immer wieder aus der Patsche. Freunden von mir ging es ähnlich, die bekamen auch Geldstrafen, aber da sie die nie bezahlen konnten, wurden sie eingesperrt, und nachdem sie wieder entlassen worden waren, waren sie erst recht kriminell, weil es mit Vorstrafe und dem Stigma Ex-Knacki und Junkie nahezu unmöglich ist, einen Job zu finden. Wenn sie dann doch eine Arbeit gefunden hatten, dann wurden sie mies bezahlt. Und sie bekamen es von ihren Kollegen immer wieder zu spüren, dass sie Ex-Knackis waren.

Manchmal kam es mir so vor, als ob die Polizei überhaupt keine andere Beschäftigung mehr hatte, als mir nachzuspionieren.

Hier zwei Geschichten dazu:

Als ich eines Abends von Frankfurt nach Hause fuhr, wurde ich an der Autobahnausfahrt, die ich üblicherweise nahm, von der Polizei zum Anhalten gezwungen.

Ich hatte einen kleinen Beutel Heroin dabei.

Sie stellten mich wie einen Schwerverbrecher, ein Auto stellte sich vor mir quer und ein anderes rammte mich leicht von hinten.

Als ich stand, sprangen gleich drei Beamte auf mich zu.

Blitzschnell nahm ich den Beutel mit Heroin in meine rechte Hand. Die Polizisten rissen die Fahrertür auf, zogen mich aus dem Auto und warfen mich zu Boden. Dabei konnte ich den Beutel ein bis zwei Meter von mir wegschleudern.

Ich bekam Handschellen angelegt und die Polizisten richteten mich auf. Dann wurde ich durchsucht und befragt. Bei meiner körperlichen Durchsuchung wurden sie nicht fündig, also durchsuchten sie mein Auto. Währenddessen führten zwei Beamte ein paar Meter entfernt meine Befragung fort. Da ich in der Vergangenheit gelernt hatte, niemals eine Aussage vor der Polizei zu machen, wies ich direkt auf mein Recht hin, die Aussage zu verweigern.

Ich sagte lediglich, dass ich in Aschaffenburg einen Freund besucht hätte.

Ich musste ungefähr eine halbe Stunde warten, bis die Durchsuchung meines Wagens beendet war.

Nachdem die Prozedur endlich abgeschlossen war, kam der Beamte, der die Durchsuchung vorgenommen hatte, zu uns herüber und teilte seinen Kollegen mit, dass er nichts gefunden hatte. Jetzt begannen die Polizisten mit der Taschenlampe die nahe Umgebung abzusuchen. Ich bekam starkes Herzrasen und war mir sicher, dass sie die Drogen jeden Augenblick finden würden.

Sie suchten ein paar Minuten, allerdings konzentrierten sie sich nur auf den Bereich von der Autobahnabfahrt bis kurz vor der Stelle, wo ich angehalten worden war, denn sie dachten wohl, ich hätte das Päckchen dort aus dem Fenster geworfen. Nach ein paar Minuten gaben sie frustriert auf.

Hätten sie an der richtigen Stelle gesucht, dort, wo sie mich aus dem Auto gezogen hatten, wären sie mit absoluter Sicherheit fündig geworden.

Jetzt, wo sie mir nichts hatten nachweisen können, lösten sie die Handschellen und ließen mich weiterfahren.

Am nächsten Morgen bin ich zu der Stelle zurückgefahren und nach kurzer Suche hatte ich mein Material gefunden. Erleichtert fuhr ich zu einem Kumpel und erzählte ihm mein Erlebnis, wobei ich eifrig konsumierte.

Ich hatte wahnsinniges Glück gehabt bei dieser Kontrolle.

Die nächste Zeit hatten mich die Gesetzeshüter noch intensiver im Visier und es dauerte nicht lange, bis sie endlich erfolgreich waren. Sie stellten mich an einer Tankstelle und fanden ein Briefchen Heroin. Ich hatte wieder versucht, es noch früh genug loszuwerden, was mir dieses Mal leider nicht gelungen war. Also ging es zur Wache zur Befragung. Ich machte wieder von meinem Aussageverweigerungsrecht Gebrauch. Nachdem sie meine Personalien aufgenommen und den Hergang zu Papier gebracht hatten, durfte ich wieder gehen. Für eine vorläufige Verhaftung reichte die beschlagnahmte Menge nicht aus.

Zwei heikle Zusammentreffen mit der Polizei, das eine mit positivem Ausgang für mich, das andere mit negativem, wenn auch glimpflichem Ausgang. Naja, glimpflich bedeutet, dass ich ein paar Wochen später zur Geldstrafe verurteilt wurde. So ging das für lange Zeit weiter, immer wieder und wieder. Ich fühlte mich tatsächlich wie in einem Katz- und Mausspiel, wobei der Begriff „Spiel" genau genommen falsch gewählt ist.

Und an dieser Stelle sei nochmal betont, ich war kein Dealer, sondern nur Konsument. Gelegentlich hat man sich zwar unter Gleichgesinnten mal ausgeholfen, aber Dealen ist etwas anderes. Dealen heißt, Geschäfte machen mit den Drogen.

Auch in diesem Punkt kann ich unser Rechtsystem nicht nachvollziehen. Warum muss man Drogensüchtige ins Gefängnis sperren, wenn sie beim Konsumieren erwischt werden? Warum werden in solchen Fällen Geldstrafen verhängt, obwohl von vornerein klar ist, dass sie sowieso nicht bezahlt werden können?

Alternativ zur Geldstrafe und zum Gefängnis gibt es noch die Verurteilung zu Sozialstunden, aber was soll das dem Drogensüchtigen denn bringen?

Mit solchen Vorgehensweisen lässt sich eine Sucht weder angemessen ahnden noch den Süchtigen heilen.

Aus meiner Sicht wäre eine frühestmögliche Zwangstherapie die beste Möglichkeit der Hilfe!

Jetzt denkt vielleicht der eine oder andere, dass es das bereits gibt. Nein, gibt es nicht. Es gibt nur den Ansatz: Therapie statt Strafe. Doch der greift erst, wenn ein Süchtiger eine größere Straftat begangen hat und er sowieso schon tief im Strudel der Sucht steckt. Davon rede ich nicht.

In der einen oder anderen Großstadt gibt es vielleicht diverse Projekte, die in diese vorgeschlagene Richtung gehen, aber sie sind nicht flächendeckend.

Eine Zwangstherapie, besser genannt Schnuppertherapie, für junge Drogensüchtige, die bislang nur konsumiert und erst höchstens kleinere Delikte verübt haben. Schnuppertherapie direkt im Zuge der ersten Verurteilung. Auf Sozialstunden, Geldstrafen und Gefängnis kann verzichtet werden.

Mir ist bewusst, dass eine unfreiwillige Therapie in den meisten Fällen nichts bringt, aber in den Anfängen ist die Chance doch noch groß den Rückwärtssalto aus der Sucht zu meistern.

Die Schnuppertherapie sollte folgendermaßen ablaufen:

Zwei Wochen Entgiftung, egal ob nötig oder nicht, dient eventuell zur Abschreckung, danach sechs Wochen Therapie in einer kleinen Gruppe. Mit der Option, anschließend in eine Langzeittherapie wechseln zu können.

Während der sechs wöchigen Therapie sollte unbedingt ein Gefängnis besucht und mit einem geeigneten Insassen gesprochen werden.

Keine Eintragung in das Strafregister!

Jetzt gibt es bestimmt Leserinnen und Leser, die meine Vorschläge nicht nachvollziehen können. Die meine Urteilsfähigkeit sogar anzweifeln, weil ich weder Anwalt, Richter noch Sozialarbeiter bin. Lediglich ein Betroffener, der sowieso keine Ahnung hat.

Genau, so kann man meine Ideen natürlich abtun. Ich gebe hier nur meine Erfahrungen zum Besten. Zudem hoffe ich, dass ich Menschen zum Nachdenken bringen kann. Vielleicht finden meine Worte einen Entscheidungsträger, der meine Meinung teilt und anschließend etwas bewirken kann und will.

Mein Verbesserungsvorschlag kommt vielleicht etwas zu früh, um Ihn wirklich verstehen zu können, aber wenn sie weiter lesen, dann wird sich der Nebel nach und nach lichten.

Wenn Sie meine Ansichten kritisieren möchten, dann können Sie Ihre Kritikpunkte sofort hier eintragen:

....

....

....

Exkurs – Psychische Belastungen einer Sucht

Die psychische Belastung einer Drogensucht ist unerträglich, die ständige Angst vor den Entzugserscheinungen, vor der Polizei und dem Gericht. Ich habe mich kaum noch in der Öffentlichkeit gezeigt, außer auf dem Weg zur Arbeit, ansonsten bin ich immer auf Schleichwegen umhergezogen. Und das nur noch zur Beschaffung, denn das Katz- und Mausspiel mit der Polizei und das Gefühl, immer mit einem Bein schon im Gefängnis zu stehen, hat mich zunehmend psychisch belastet und unglaubliche Ängste in mir geweckt. Durch den Drogenkonsum konnte ich diese Ängste gut unterdrücken, aber wehe, der Entzug kam. Ich verlor immer mehr an Körpergewicht. Das Essen war schon seit einiger Zeit nicht mehr so wichtig. Ganz zu schweigen vom Fußballspielen, das hatte ich schon vor Längerem aufgegeben. Mein ganzes Leben drehte sich nur noch um die Drogen.

Dazu kam noch die ständige Wachsamkeit meiner Drogenkumpels gegenüber. Die war angebracht, um nicht von Ihnen über den Tisch gezogen zu werden. In der Drogensucht wird mit allen Mitteln gekämpft. Hier werden Versprechungen gemacht, die nie eingehalten werden, nur um an Drogen oder Geld heranzukommen.

Ständige Alarmbereitschaft in allen Richtungen ist in der Sucht leider zwingend nötig.

Nach ein paar Jahren sah ich dann auch den verhafteten Kumpel von der Hollandtour wieder. Er berichtete, dass er das Zeug, das wir gemeinsam besorgt hatten, im Knast verkauft hatte. Dadurch hatte er seinen Gefängnisaufenthalt zu Anfang etwas versüßen können. Doch der Entzug hinter Gittern sei die Hölle gewesen, er hätte keinerlei Medikamente bekommen und kalt entziehen müssen. Nachdem er wieder draußen war und keine Perspektive sah, wurde er rückfällig und konsumierte wieder Heroin. Ich erzähle dies, weil daran deutlich wird, dass wir Drogensüchtige wie Schwerverbrecher behandelt werden, nicht nur im Knast, sondern auch in „Freiheit". Wir werden gejagt, verurteilt und eingesperrt. Nach ein paar Jahren werden wir wieder entlassen, ohne Zukunftschancen. Das ist eine wahnsinnige psychische Belastung. Natürlich kann man uns entgegenhalten, selbst schuld, ihr hättet ja keine Drogen nehmen müssen. Klar, das stimmt, aber leider sind wir nun mal in den Strudel geraten. Wir hätten uns selbst auch ein besseres Leben gewünscht.

Kapitel 13 – Erste MPU und Führerscheinentzug

Zu den Geldstrafen kam dann auch der Führerscheinentzug, genau genommen erst einmal die Aufforderung zur MPU, der medizinisch psychologischen Untersuchung, auch als Idiotentest bekannt. Ich also hochgradig abhängig zur MPU einbestellt, okay, hingegangen, alle Aufgaben, Untersuchungen und Psychogespräche gut überstanden, dann kam der Haken, ich musste meine Drogenfreiheit über einen Urintest nachweisen. Haha, man muss dazu wissen, dass Heroin bis zu einer Woche im Urin nachweisbar ist, und ich hatte es nicht einmal zwölf Stunden ohne Stoff ausgehalten. Also: MPU höchstwahrscheinlich nicht bestanden, trotzdem fünfhundert Mark bezahlt, um demnächst den Führerschein abgeben zu dürfen. Nach der MPU bin ich dann direkt wieder los, um neuen Stoff zu besorgen, noch hatte ich ja meinen Führerschein.

Dazu bin ich wieder nach Frankfurt gefahren.

Es lief auch alles einwandfrei, die Hinfahrt und die Übergabe, Geld gegen Material, alles ohne Probleme.

Auf der Heimfahrt bemerkte ich ein Auto, das immer auf meiner Höhe zu blieben schien, das kam mir merkwürdig vor. Durch mein jahrelanges Katz-und-Maus-Spiel mit den Gesetzeshütern waren meine Sinne sehr geschärft. Als ich von der Autobahn abfahren wollte, stellte ich im Rückspiegel fest, dass das Auto, welches sehr nach Kripo (Zivilfahnder) aussah, das auch vorhatte. Jetzt gingen bei mir alle Alarmglocken an. Ich fuhr weiter auf der Abbiegespur, aber kurz bevor es runterging von der Autobahn, zog ich wieder nach links und gab Vollgas. In meinem Rückspiegel sah ich nun keinen Verfolger mehr. Bei der nächsten Abfahrt bin ich runter und fuhr kreuz und quer durch die Gegend, damit sie meine Spur nicht mehr aufnehmen konnten. Dachte ich zumindest. Auf einmal sah ich, wie mir ein ziviles Polizeiauto entgegenkam, das mir nur allzu bekannt war. Ich beschleunigte wieder und bog nach ein paar Kilometern in ein Waldstück ab. Dort ließ ich mein Auto stehen und lief in den Wald. Hier konsumierte ich schnell eine kleine Menge und entsorgte den Rest. Ich war mir inzwischen sicher, dass die Polizei mich suchte, und stand voll unter Adrenalin. Um wieder einen klaren Gedanken fassen zu können, bin ich im Wald umhergelaufen, bis ich auf einen Feldweg stieß. Dort kam mir ein Jogger entgegen. Mir war sofort klar, dass hier etwas nicht stimmte. Der Jogger fragte mich, was ich hier machen würde. Ich antwortete, ich hätte mich verlaufen. Ich schaute mir den Jogger genau an und konnte an seinem Rücken eine Pistole im Halfter erkennen. Es handelte es sich also tatsächlich um einen Polizisten. Der angebliche Jogger bot mir sofort seine Hilfe an. Ich ging natürlich darauf ein, um meine Geschichte nicht platzen zu lassen. Er hatte interessanterweise auch nur ein paar Meter weiter sein Auto geparkt. Wir stiegen ein und er brachte mich direkt zu meinem Auto. Dort angekommen, stieg ich aus. Mein Helfer machte keine weiteren Anstalten und fuhr davon. Ich dachte nach. Der hatte mich bestimmt nicht verhaftet, weil er davon ausging, dass ich die Drogen irgendwo versteckt hatte. Und da er nicht wissen konnte, dass ich ihn als Polizisten erkannt hatte, hoffte er vermutlich, dass ich die Drogen holen und anschließend mit meinem Auto nach Hause fahren würde und er mich auf dem Weg dorthin verhaften und überführen könnte. Die Drogen konnten mir nicht mehr gefährlich werden, die hatte ich ja bereits vernichtet, aber ich hatte im Wald etwas konsumiert. Was tun? Wenn ich nun mit dem Auto losfahren würde und mich die Polizei kontrollierte, dann würden sie zwar keine Drogen finden, aber in meinem Blut würden sie die Drogen nachweisen können und mir den Führerschein wahrscheinlich für immer wegnehmen.

Damit ich einen Vorwand hatte, nicht mit dem Auto zu fahren, ließ ich etwas Luft aus einem meiner Autoreifen. Anschließend machte ich mich zu Fuß auf den Weg. Als ich bis zur Landstraße vorgelaufen war, sah ich den Zivilwagen, den ich kurz vorher gesehen hatte, zusammen mit einem anderen Zivilfahrzeug am Randstreifen stehen. Die hatten also auf mich gewartet. Als sie sahen, dass ich zu Fuß unterwegs war, gaben sie ihr Vorhaben auf und fuhren weg.

Ich ging weiter zur Bundesstraße und fuhr per Anhalter nach Hause.

Am nächsten Morgen klingelte die Polizei bei mir. Sie sagten, sie hätten mein Auto im Wald gefunden. Gefunden, haha. Okay, ich spielte meine Rolle weiter und sagte, dass ich gestern dort spazieren war und bei meiner Rückkehr zum Auto festgestellt hatte, dass einer meiner Reifen Luft verloren hatte, deshalb hätte ich es wohl oder übel stehen lassen und mich zu Fuß auf dem Heimweg gemacht. Die Polizisten sind dann mit mir zusammen zu meinem Auto gefahren und überprüften meine Geschichte vor Ort. Der eine Polizist sagte dann, dass ich, wenn ich vorsichtig fahren würde, durchaus zur nächsten Tankstelle fahren könnte. Ich zögerte kurz, denn ich hatte noch immer die Drogen im Blut. Dann ging ich aber das Risiko ein, damit meine Geschichte glaubhaft blieb. Zum Glück ging die Sache gut, ich wurde nicht kontrolliert.

Damit war diese Verfolgung glücklich überstanden.

Vier Wochen später flatterte dann das Schreiben von der MPU ins Haus, welch Überraschung, wegen positiven Drogenbefunds nicht bestanden. Nach weiteren zwei Wochen forderte mich das Landratsamt auf, meinen Führerschein abzugeben, was ich dann auch zähneknirschend tat. Ich brauchte meinen Führerschein zwar nicht, um auf die Arbeit zu kommen, aber um mir Heroin besorgen zu können, war er extrem wichtig. Viele meiner Drogenfreunde hatten ihren Führerschein auch schon abgeben müssen und sind dann mit dem Zug gefahren, um ihren Stoff zu besorgen. Stoff besorgen war eh immer nervlich sehr anstrengend, weil keiner wusste, ob man wieder sicher mit gutem Stoff zu Hause ankommen oder direkt verhaftet und eingesperrt werden würde. Auf Zugfahrten war es noch viel wahrscheinlicher, erwischt zu werden. Die Fluchtmöglichkeiten in einem Zug und beim Verlassen des Zuges sind sehr begrenzt und die Polizei ist allgegenwärtig.

Hier ein Erlebnis dazu, mit negativem Ausgang:

Eines Tages fuhr ich mit dem Zug von Frankfurt nach Hause. Ich hatte mir in Frankfurt einen kleinen Beutel Heroin besorgt. An einer Haltestelle nahe an meinem Heimatort stieg ich aus.

Ich lief ein paar Meter, dann fielen mir ein paar Männer auf, die doch sehr nach Polizei aussahen. Ich ließ mein Material fallen und ging weiter. Nach weiteren zehn bis zwanzig Metern war ich dann von Kripobeamten umzingelt. Ich wurde sofort festgenommen und durchsucht. Nachdem sie nichts finden konnten, gingen sie den Weg, den ich gelaufen war, nochmal ab und fanden den Beutel. Daraufhin wurde ich zum Revier gebracht und meine Personalien wurden aufgenommen, wie immer verweigerte ich die Aussage.

Nach ungefähr einer Stunde durfte ich wieder gehen. Die sichergestellte Menge reichte für einen Haftbefehl zu meinem Glück nicht aus.

Ich erzähle dies aus meiner damaligen Sicht. Natürlich darf und soll man unter Drogeneinfluss kein Auto fahren. Da stimme ich voll und ganz der Straßenverkehrsordnung zu. Doch es sind nicht nur die Drogenkonsumenten, die eine Gefährdung im Straßenverkehr darstellen. Ich denke insbesondere an die Gelegenheitstrinker, die nach einer Party oder einem schönen Abend bei Freunden alkoholisiert ins Auto steigen und ihre Fahrtüchtigkeit erheblich überschätzen. Es sollte aber auch berücksichtigt werden, dass ältere Autofahrer ein Problem sein können. Unsere Gesellschaft wird immer älter, und das Autofahren gehört in der nun älter gewordenen Generation erstmals zum allgemeinen Lebensstil. Es ist zwar verständlich, dass die Älteren nicht freiwillig auf ihre Mobilität verzichten wollen, aber angesichts der Schwere des Problems sollte die Fahrerlaubnis mit einer Altersbeschränkung versehen sein. Zumindest müsste jeder Führerscheinbesitzer ab einem gewissen Alter einen Test zur Überprüfung der Fahrtüchtigkeit absolvieren. Davon abgesehen sind aber auch die derzeit praktizierten Alkohol- und Drogenkontrollen im Straßenverkehr nicht wirksam genug. Wollte man das Problem wirklich ernsthaft abstellen, dann müssten alle Autos mit einem Alkohol -und Drogentest ausgestattet werden. Die Idee wurde schon einmal diskutiert, aber nur für Menschen, die bereits auffällig geworden waren, bei denen sollte ein solches System eingebaut werden. Doch meiner Meinung nach müsste dies flächendeckend

erfolgen. Es sind nämlich meistens die Gelegen-heitstrinker und Feierabendjunkies (gelegentliche Drogenkonsumenten), die die Verkehrssicherheit gefährden.

Zudem müsste man hier auch noch sämtliche Psychopharmaka im Straßenverkehr hinterfragen.

Ich muss gerade etwas schmunzeln, ausgerechnet ich als Moral-apostel, aber was gesagt werden muss, muss auch gesagt werden.

Auch hier können Sie meine Ansichten kritisieren, wenn Sie möchten:

....

....

....

Dazu später mehr!

Kapitel 14 – Codein-Saft

Ein Drogenkumpel erzählte mir von einem Arzt, der Codein-Saft und Benzodiazepine (Beruhigungsmittel) verschreibt, ohne Nachfragen zu stellen und irgendwelche Pflichten damit zu verbinden. Codein-Saft, hoch genug konzentriert, war damals das absolute Substitutionsmittel (Ersatzmittel). Wenn man 20–40 ml Codein-Saft und ein paar Benzodiazepine, meistens Diazepam, nahm, konnte man ohne Heroin und ohne Entzugserscheinungen über die Runden kommen. Also habe ich mir die Adresse des Arztes geben lassen und einen Termin vereinbart. Innerhalb weniger Tage konnte ich dann auch schon die Praxis aufsuchen. Ich schilderte dem Arzt, was mit mir los war, und er verschrieb mir umgehend einen Viertelliter Codein-Saft und eine Zwanzigerpackung Diazepam für eine Woche. Mit meinem Rezept bin ich dann zu der Apotheke gegangen, die mir die Sprechstundenhilfe genannt hatte, die hatte auch alles vorrätig, und anschließend bin ich mit dem Bus, Führerschein war ja weg, nach Hause gefahren.

Mir fiel regelrecht ein Stein vom Herzen, denn ich hatte endlich mal eine Zeit vor mir, in der ich mir keinen Beschaffungsstress machen musste. Drei Wochen ging das so, bis ich feststellte, dass das Codein zum Ende der Woche immer sehr knapp wurde. Also rief ich in der Praxis an und teilte der Sprechstundenhilfe mit, dass die Menge nicht mehr ausreiche. Kein Problem, sagte sie und fragte, ob ich mit einem halben Liter Codein-Saft und 50 Diazepam zurechtkäme. Ich habe natürlich sofort eingewilligt und mich riesig gefreut. Die beiden nächsten Wochen bin ich also montags hingefahren und hab meinen Wochenbedarf an Medikamenten abgeholt. Das Rezept hatte ich vorher per Telefon bestellt. Den Arzt selbst hatte ich nur beim ersten Mal zu Gesicht bekommen. Dass die Arzthelferin die Dosis selbstständig verdoppeln konnte, hatte mich schon überrascht, aber auch sehr glücklich gemacht.

In der fünften Woche konnte ich die Praxis telefonisch nicht erreichen, also bin ich direkt hingefahren und musste feststellen, dass sie geschlossen war. Von einem Drogenbekannten habe ich dann erfahren, dass der Arzt Probleme bekommen hatte und ab sofort nicht mehr zur Verfügung stand. Auf den Punkt gebracht: die Praxis war geschlossen worden und ich stand ohne Medikamente da. Mein ganzer Vorrat bestand aus einem kleinen Schluck Codein-Saft, den ich auch gleich brauchte, um die Heimfahrt zu überstehen. Kaum zu Hause angekommen, musste ich mir sofort wieder Stoff besorgen, also alle Drogenkollegen durchtelefoniert und zum Wucherpreis 1 Gramm Heroin erworben. Einen Codein-Entzug wollte ich mir auf keinen Fall antun, der ist nämlich noch um einiges härter als ein Heroinentzug, wobei der schon die Hölle war. Am nächsten Tag war das eine Gramm natürlich schon wieder aufgebraucht und ich musste neuen Stoff besorgen. Zum Glück hatte ich in den Wochen auf Codein nicht so viel Geld ausgegeben und daher noch was übrig. Ich rief also meinen Dealer in Frankfurt an und gab ihm durch, wie viel ich brauchte und dass ich in drei Stunden bei ihm sein würde. Drei Stunden später bekam ich mein Zeug. Ich fuhr wieder heim und genoss meinen Feierabend. Ein paar Tage später versuchte ich wieder, ihn anzurufen, aber er ging nicht ans Telefon. Ich probierte es den ganzen Tag über, mein Stoff wurde weniger und weniger, aber er war nicht mehr zu erreichen.

Nun ging der Zirkus also von vorne los. Wieder zum Bahnhof nach Frankfurt und versuchen, einen Kontakt zu bekommen. Durch Zufall bin ich auf den Typ getroffen, der mir damals seinen Kontakt verkauft hatte. Habe ihn angesprochen und erfahren, dass mein Dealer verhaftet worden war. Natürlich habe ich gleich gefragt, ob er noch einen anderen brauchbaren Dealer an der Hand habe, aber das verneinte er leider. An diesem Tag klappte es also nicht mit einem neuen Dealer-Kontakt. Aber zumindest konnte ich am Bahnhof einen halben Liter Codein-Saft kaufen und bin anschließend wieder heim. Als ich dann eine Woche später wieder in Frankfurt am Bahnhof stand und nach Codein-Saft Ausschau hielt, war auch der Kontaktverkäufer wieder da. Er sprach mich auch sofort an und sagte, er habe wieder einen neuen Dealer-Kontakt für mich. Ich bin natürlich direkt darauf angesprungen und hab ihm erst mal eine Stange für die Herstellung des Kontakts bezahlt. Alles ging auch diesmal reibungslos, der neue Dealer akzeptierte mich sofort und gab mir seine Telefonnummer.

Jetzt lief wieder alles wie vorher, nur mit einem anderen Dealer. Aber immer wieder ging mir das Geld aus und die kalten Entzüge wurden immer häufiger, mir ging es richtig dreckig. Als irgendwann mal wieder alle gemerkt hatten, was los war, Eltern und Arbeitgeber, machte ich wieder einen Termin mit der Entgiftungsklinik aus und ließ mich diesmal von meiner Mutter hinfahren, statt einen Krankenwagen zu rufen. Auf dem Weg dorthin glühten meine Ohren von den ganzen Vorwürfen, die ich mir von meiner Mutter anhören musste, ich war froh, als wir endlich ankamen und ich aussteigen und in die Klinik reingehen konnte.

Kapitel 15 – Zweite stationäre Entgiftung

Kaum hatten sich die Türen hinter mir geschlossen, begann dann wieder das Aufnahmeritual, inklusive des Martyriums der Blutentnahme.

Blutabnahme! Ich war schon längst wieder auf das Schnupfen umgestiegen, weil ich keine Vene mehr hatte finden können, die nicht verballert war.

Einmal hatte ich sogar versucht, mir in die Leiste zu spritzen. Irgendwann hatte mir mal jemand erzählt und auch an sich selbst vorgeführt, dass dies funktionieren würde. Ich müsste nur eine angemessen lange Nadel benutzen und könnte gar nicht danebenstechen. Also habe ich die passende Spritze besorgt mit spezieller, langer Nadel, und mir diese aufs Geratewohl rechts in die Leiste gerammt. Als Blut in der Kanüle zu sehen war, habe ich abgedrückt. Eine Wirkung spürte ich auch, aber irgendwie fühlte sich das anders an als sonst. Nach ein paar Stunden wiederholte ich die Prozedur noch einmal, allerdings hatte ich diesmal beim Einstechen der Nadel wahnsinnige Schmerzen, sodass ich sie sofort wieder herauszog. Von da an ließ ich das mit dem Spritzen in die Leiste lieber sein.

Wenn ich also schon selbst keine Einstichstelle mehr fand, und ich kannte meine Venen sehr genau, wie sollte dann ein Arzt oder eine Krankenschwester dazu in der Lage sein? Nachdem die Krankenschwester dann viermal und ein Arzt dreimal erfolglos auf mich eingestochen hatten, durfte ich auf mein Zimmer gehen, ohne ihnen etwas von meinem Blut abgetreten zu haben. Nach ein paar Stunden bekam ich die Erlaubnis mein Zimmer zu verlassen. Ich war wieder auf der Station 3, wo ich bei der ersten Entgiftung schon mal war. Nichts hatte sich seitdem hier verändert. Nur waren andere Leute zur Entgiftung da, bis auf einen, den ich schon vom ersten Mal her kannte. Ich ging in den Raucherbereich, rauchte zwei Zigaretten und legte mich anschließend ins Bett. Am nächsten Morgen musste ich erneut zur Blutabnahme. Wieder wurde mir zweimal erfolglos in den Arm gestochen. Aber dann kam ein anderer Arzt und nahm mir das Blut an der Halsvene ab. Das war für mich grenzwertig, aber egal, es hat geklappt. Anschließend bin ich wieder in den Raucherbereich gegangen. Dort kam ich mit einem Mitpatienten ins Gespräch, der durchs Spritzen seine Hand verloren hatte, aber auf den Gedanken, nun endgültig von den Drogen zu lassen, war er überhaupt nicht gekommen. Doch bei mir war es ja ähnlich. Von meinen Drogenfreunden waren schon einige ums Leben gekommen, aber das war für mich ja auch kein Grund gewesen, ernsthaft übers Aufhören nachzudenken. Auf der Station gab es noch ein paar Leute, die von der Straße aufgegriffen worden waren und nun auf der Entgiftungsstation aufgepäppelt wurden. Hier hörte ich auch zum ersten Mal den Ausdruck Venen-Kur, das bedeutet, dass sich die Venen über den Zeitraum der Entgiftung erholen können. All das beeindruckte mich allerdings nicht sonderlich. Auch die Geschichten waren nur noch nervig. Bei meiner ersten Entgiftung fand ich die Geschichten der Patienten noch wahnsinnig spannend, aber jetzt gingen mir alle nur noch auf den Geist.

Drei Wochen Leiden, und ich hatte diesmal noch mehr zu leiden, denn ich musste nicht nur den Heroinentzug durchmachen, sondern auch noch den Codein-Entzug. Während dieser drei Wochen konnte ich so gut wie gar nicht schlafen und musste furchtbare Schmerzen aushalten. Wie immer auf Entzug habe ich auch viel Zeit auf dem Klo verbracht. Es war zwar ein warmer Entzug, also mit Medikamentengabe, aber diese waren so niedrig dosiert, dass ich kaum etwas von der positiven Wirkung spürte. Auch heute, aus dem größeren zeitlichen Abstand heraus, bin ich noch der Meinung, dass solche Entgiftungen viel weniger belastend verlaufen würden, wenn man sie über einen längeren Zeitraum ansetzen und dabei die Medikamente anfänglich höher dosieren würde. Doch wie bereits gesagt, ich vermute, dass die Leidenszeit beim Drogenentzug durchaus beabsichtigt ist, quasi als Straf- oder Abschreckungsmaßnahme, wobei beim Alkoholentzug auf Vergleichbares verzichtet wird. Wieder wird mit zweierlei Maß gemessen. Als Drogensüchtiger ist man kein ehrbares Mitglied der Gesellschaft, was natürlich auch Filmen wie Trainspotting zu verdanken ist. In diesem Film werden Drogensüchtige wirklich wie Vieh dargestellt, als ob sie nur noch Instinkte und kein Gehirn mehr hätten. Vielen Dank an die Verantwortlichen!

Kapitel 16 – Rückfall zum Heroin

Ich wurde nach drei Wochen entlassen, war mittlerweile fünfundzwanzig Jahre alt, hatte immer noch Schmerzen und konnte nicht schlafen. Nach drei Tagen endete der Versuch, ohne Drogen zu leben. Ich wurde wieder rückfällig. In den drei Tagen hatte ich versucht, mein Befinden mit Alkohol zu verbessern, was aber nicht gelungen war, also bin ich wieder losgezogen, um Heroin zu besorgen. Dazu bin ich wieder nach Frankfurt gefahren. Meinen Dealer hatte ich zuvor informiert, dass ich kommen würde. Als ich vor Ort war, rief ich ihn an und er teilte mir einen neuen Treffpunkt mit. Ich, der beste U-Bahnfahrer der Welt, brauchte für die Strecke, die normalerweise in zehn Minuten zurückzulegen ist, geschlagene fünfundvierzig Minuten. Wir hatten uns in einem kleinen Park verabredet. Weil ich mich verspätet hatte, war mein Dealer nicht aufzufinden, ich rief ihn also noch einmal an und sagte, dass ich jetzt endlich da sei. Er wolle in fünf Minuten bei mir sein, lautete seine Antwort. In fünf Minuten, das konnte alles bedeuten. Meine Dealer sagten immer, sie seien in fünf Minuten da, nur stimmte das nie. Mit der Zeiteinschätzung hatten sie offensichtlich alle Probleme, alles, was zwischen einer und fünfundvierzig Minuten lag, konnte zutreffen.

Ich schaute mich in dem Park um. Da sah ich zwei Junkies sitzen, die gerade versuchten, sich einen Schuss zu setzen. Bei dem einen wollte es einfach nicht klappen, und er gab seinem Kumpel die Spritze und bat diesen, ihm zu helfen. Der machte nicht lang rum und rammte seinem Kumpel die Spritze zielgerichtet in den Hals. Von dem Schauspiel etwas geschockt, schaute ich verlegen ziellos durch die Gegend. Da kam auch schon mein Dealer angelaufen. Er machte sich darüber lustig, dass ich mit der U-Bahn Probleme gehabt hatte. Selbst er als Nichtdeutscher komme doch super mit der U-Bahn klar, sagte er. Nach etwas Geplänkel kaufte ich ihm meinen Stoff ab und unsere Wege trennten sich wieder. Nach ein paar Stunden Organisiererei hatte ich endlich wieder Heroin. Ich zog erst einmal eine Line, bevor ich dann nach Hause fuhr. Dort angekommen, legte ich noch eine Line nach und genoss den Zustand, endlich schmerzfrei zu sein, auf meiner Couch. Dann konnte ich seit Wochen wieder mal richtig schlafen.

Am nächsten Tag musste ich wieder zur Arbeit. Gerade vor ein paar Tagen von der Entgiftung gekommen und natürlich den Arbeitskollegen beteuert, dass ich jetzt endgültig mit den Drogen aufgehört hätte. Stimmte zwar nicht, ich war ja schon wieder drauf und musste wie gehabt dafür sorgen, genug Material zur Verfügung zu haben, damit ich nicht gleich wieder durch Fehlzeiten auffiel. Allerdings war mein Bankkonto immer noch in den Miesen und Kredite hatte ich auch schon so einige laufen.

Also kam es fast zwangsläufig dazu, dass ich immer wieder Ende des Monats auf Turkey zur Arbeit musste.

Irgendwann kam auch die Zeit, wo meine Psyche unbedingt wieder mal einen guten Trip wollte, der allein mit Heroin nicht mehr zu bewerkstelligen war, also habe ich zusätzlich zum Heroin noch Kokain eingeworfen. Meistens nur am Wochenende, wenn ich noch irgendwo Geld abzweigen konnte. Denn Kokain kostet doppelt so viel wie Heroin. Wenn ich dann beides am Start hatte, dann gönnte ich mir einen Cocktail, das heißt, beide Stoffe vermischt und gleichzeitig konsumiert. Jetzt hatte ich wieder ein atemberaubendes Gefühl, es ist unvorstellbar, was so ein bisschen Pulver in einem auslösen kann. Der Haken war, dass des Öfteren auch Nebenwirkungen auftraten, wie etwa Verfolgungswahn. Ich war dann auf einem sogenannten Horrortrip. Also hab ich das mit dem Kokain erst mal wieder sein gelassen. Ich konnte es mir eh nicht leisten, und es gab auch gewaltige Qualitätsunterschiede, die dann darüber entschieden, ob ich auf einen schönen Trip oder auf einen Horrortrip ging. Einen Horrortrip mit Verfolgungswahn und Angstattacken brauchte ich nun wirklich nicht.

Kapitel 17 – Rohypnol-Party

Von Rohypnol war ja bereits die Rede. Hier noch ein „Erlebnis" mit diesem Mittel.

Eines Tages besuchte ich ein paar Drogenkumpels im Nachbarort. Einer von ihnen war einen Tag vorher in Frankfurt gewesen und hatte sich Rohypnol besorgt. Es waren zwei Männer und zwei Frauen. Eine davon war recht korpulent. Als wir dann zusammen so rumsaßen und Bier tranken, kam der eine auf die Idee, wir könnten doch eine Rohypnol-Party veranstalten. Wir schauten uns alle kurz an, und weil sowieso Wochenende war und keiner etwas Besseres vorhatte, stimmten wir zu. Ich stand eh schon unter Heroin, das war schließlich meine Dauermedikation, und nahm noch zusätzlich zum Bier sechs Tabletten Rohypnol ein. Wie viel die anderen genommen haben, weiß ich nicht.

Ich kann mich noch erinnern, dass ich mir noch ein Bier aufgemacht hatte und wir alle zusammen am Tisch saßen. Auf einmal lag ich am Boden, im Nachbarzimmer. Ich schaute mich um und fragte mich, wie ich da hingekommen war. Zudem bemerkte ich, dass die korpulente Frau, die bei unserer Party dabei war, nackt auf mir saß und so merkwürdige Bewegungen machte. Ich schaute an mir runter und stellte fest, dass meine Jeans und auch meine Boxershorts an meinen Knien hingen. Langsam checkte ich, was hier ablief. Ich registrierte aber auch sofort, dass mein Glied nicht wirklich steif war, und sagte es meiner Reiterin. Ich forderte sie auf, dass sie bitte von mir runter solle. Sie aber dachte nicht daran, von mir abzulassen, also sammelte ich all meine Kräfte und wand mich aus meiner Zwangsposition raus. Dann ließ ich die Frau liegen und ging wieder rüber in den Raum, wo alles angefangen hatte. Dort angekommen, schaute ich in lauter grinsende Gesichter. Ich wollte eigentlich erzählen, was mir nebenan widerfahren war, aber alle waren längst im

Bilde und fragten noch blöd, ob ich Spaß gehabt hätte. Ich schnappte mir ein Bier und erklärte alle für bescheuert. Als die dummen Kommentare nicht aufhören wollten, trank ich mein Bier zu Ende, bestellte mir ein Taxi und fuhr nach Hause. Nie wieder würde ich Rohypnol anrühren, hatte ich mir geschworen. Ich war stundenlang außer Gefecht gewesen und habe bis heute keine Ahnung, was da noch alles abgelaufen war, von meiner Reiterin mal abgesehen. Zu Hause bin ich erst einmal unter die Dusche, anschließend habe ich eine Line Heroin geschnupft und mich ins Bett gelegt.

Am nächsten Tag, als ich wieder „normal" war, versuchte ich eindringlich, meinem Kopf Erinnerungen an den Vorabend zu entlocken, doch es kamen keine neuen Erkenntnisse hinzu, was wahrscheinlich auch besser war.

Wieder einmal war mein Vorrat an Heroin so gut wie aufgebraucht, und wieder einmal stand ich kurz vor dem Entzug.

Kapitel 18 – Methadon-Programm

Fix und fertig mit der Welt begleitete ich tags darauf einen Freund, der mittlerweile verstorben ist, zu seinem Hausarzt. Er hatte dort Methadon bekommen. Methadon ist ebenfalls ein Medikament, das Heroin ersetzen kann. Es sorgt zwar nicht für ein gutes Gefühl wie Heroin, aber in unserem Zustand waren wir schon froh, keine Entzugssymptome zu haben. Der Arzt hatte mir vermutlich angesehen, was mit mir los war, und fragte mich, ob ich nicht auch Interesse an einem Methadon-Programm hätte. Ich war sowieso wieder pleite und kurz vorm Turkey, und hab sofort eingewilligt. Die Sache hatte nur einen Haken, es konnte nicht sofort losgehen, sondern ich musste erst zur Suchtberatung, die ich zwar schon seit Jahren kannte, aber nur selten aufgesucht hatte, und die Leute dort mussten zustimmen. Schon in den nächsten Tagen war ich dann dort, sie gaben ihr Grünes Licht und der Arzt nahm mich ins Methadon-Programm auf. Er hatte seine Praxis in einem Dorf im Umkreis. Zu Anfang musste ich täglich das Methadon dort vor Ort einnehmen, das war oft sehr schwierig, denn Führerschein und Auto hatte ich ja nicht und zur Arbeit musste ich schließlich auch. Der öffentliche Bus fuhr nur alle zwei Stunden. Also musste ich des Öfteren mit dem Taxi fahren, der Taxifahrer kannte mich schon von gemeinsamen Fahrten nach Frankfurt und stellte wie immer keine Fragen. Das war auch gut so. So konnte er sein Geld verdienen, solch eine Taxifahrt ist lukrativ, und ich hatte meine Ruhe.

Hatte man sich bewährt, das heißt, war in den Urinproben, die in der Arztpraxis abgeliefert werden mussten, kein Beikonsum nachweisbar, kam man in den Genuss, die Methadondosis für zwei bis drei Tage mit nach Hause nehmen zu dürfen. Das war natürlich super, denn nun musste ich nur noch zwei Mal pro Woche in der Praxis erscheinen. Nach sechs Wochen einwandfreien Verhaltens kam ich sogar in den Genuss, das Methadon für die ganze Woche mitzubekommen.

Exkurs – Körperliche und psychische Abhängigkeit

Es soll nun eine kurze Erläuterung zur körperlichen und psychischen Abhängigkeit und deren Behandlung folgen. Der körperliche Entzug ist der Entzug, der sich bei einer Entgiftung einstellt, das heißt, wenn dem Körper der Suchtstoff entzogen wird. Man fühlt sich total beschissen, hat Schmerzen zum Verrückt werden usw., aber auf den körperlichen Entzug folgt der psychische, und der ist erheblich komplizierter. Jeder Suchtkranke bildet ein sogenanntes Suchtgedächtnis aus. Und in diesem werden vor allem die schönen Erlebnisse während der Sucht abgespeichert. Die schrecklichen Erfahrungen und die körperlichen Entzugserscheinungen sind schnell vergessen und im Rückblick erscheint alles als gar nicht so schlimm. Es entsteht der enorme Suchtdruck, die schönen Erlebnisse wiederholen zu wollen. Diesem Suchtdruck sind nur ganz wenige gewachsen, deshalb ist es dringend notwendig, nach der Entgiftung eine Therapie anzuschließen. Unter dem körperlichen Entzug ist also die Phase der Entgiftung zu verstehen, und der psychische Entzug erfolgt während der daran anschließenden Therapie.

Kapitel 19 – Methadon, Arbeit und Beikonsum

Gut im Methadon-Programm eingebunden, ging es mir körperlich recht gut. Auch auf der Arbeit lief es einwandfrei. Ich konnte frei leben, ohne dem ständigen Druck ausgesetzt zu sein, mir Drogen besorgen zu müssen, und ich musste mich auch nicht mehr verstecken, weil ich keine Angst vor der Polizei mehr haben musste. So vergingen zwei recht gute Jahre. Ich war jetzt siebenundzwanzig Jahre alt und konnte mein Leben etwas stabilisieren.

In dieser Zeit bin ich wieder einmal in den Urlaub geflogen. Raten Sie mal wohin? Genau, wieder nach Fuerteventura. Diesmal wollte ich dort auf keinen Fall wieder einen Entzug durchmachen, und daher hatte ich mir für die komplette Reisedauer Methadon mitgenommen. Ich hatte all inklusive gebucht und konsumierte zusätzlich zum Methadon fleißig Alkohol. Ich bin abends immer in die Bar gegangen und danach in die Disco. Tagsüber lange geschlafen und mittags am Strand abgehangen. Aber stundenlang am Strand liegen ist nicht meine Welt. Viel zu heiß und zu langweilig. Daher bin ich öfters in eine Strandbar, um ein paar Bier zu trinken und mich mit deutschen Touristen zu unterhalten. Manchmal gab es auch ein Animationsprogramm am Nachmittag, an dem ich dann teilnahm. Einmal spielte ich in der brütenden Hitze Fußballtennis, dabei handelte ich mir einen Sonnenbrand ein und war total kaputt. Aber abends dann wieder in die Bar und gesoffen. So verlief die komplette Urlaubszeit. Hatte keinen Entzug und auch richtig viel Spaß.

Zu Hause ging wieder alles seinen Weg. Bin wieder zu meinem Arzt und habe mir mein Methadon geholt. Beim ersten Mal erzählte ich ihm von meinem Urlaub. Er ist fast vom Stuhl gefallen. Das Methadon hätte ich gar nicht so einfach mitführen dürfen.

Ich hätte eine Einfuhrgenehmigung gebraucht. Egal, es war ja gut gegangen.

Mit der Zeit kam zum Methadon gelegentlicher Beikonsum hinzu. Denn das Methadon bewahrte mich zwar vor den körperlichen Entzugserscheinungen, aber nicht vor den psychischen. Damit das bei meinen Urinkontrollen nicht auffiel und ich als Folge wieder jeden Tag würde erscheinen müssen oder vielleicht sogar aus dem Programm rausgeschmissen werden würde, musste ich tricksen. Immer wenn ich zum Arzt musste, schüttete ich zu Hause etwas Bier und Apfelsaft in ein geeignetes Behältnis und in der Praxis füllte ich diese Mischung in den Becher, in den ich eigentlich pinkeln sollte. Das lief eine Zeitlang reibungslos. Der Arzt lernte aber über die Jahre auch hinzu und stellte sich irgendwann mit in die Toilette und sah mir beim Wasserlassen zu. Jetzt war es vorbei mit der Trickserei und ich flog auf. Was tatsächlich zur Folge hatte, dass ich wieder täglich erscheinen musste. Nach vier Wochen täglichen Erscheinens und sauberer Urinproben bekam ich mein Methadon wieder für drei Tage mit, weil ich dem Arzt glaubhaft erklären konnte, dass ich wegen meiner Schichtarbeit nicht täglich kommen konnte. Das Methadon wirkt normalerweise gute vierundzwanzig Stunden. Doch inzwischen war ich an das Zeug schon längere Zeit gewöhnt und musste des Öfteren die Dosis, die erst für den nächsten Tag vorgesehen war, vorzeitig einnehmen. Dieses Problem besprach ich mit dem Arzt, woraufhin er mich auf L-Polamidon umstellte, weil das eine längere Wirkungsdauer hat. Angeblich bis zu vierzig Stunden. Ansonsten sei kein Unterschied feststellbar, versicherte er mir. Also nahm ich von nun an das L-Polamidon. Von der längeren Wirkdauer habe ich kaum etwas feststellen können, auch die Wirkung fand ich nicht so gut. Wobei ich von einigen gehört hatte, dass L-Polamidon besser wäre als Methadon. Das konnte ich so nicht bestätigen. Nach etwa zwölf Wochen konnte ich meinen Arzt überreden, mich wieder auf Methadon umzustellen. Das Problem mit der Wirkdauer hatte ich aber weiterhin. Mein Arzt wollte davon aber nichts mehr hören und er verschrieb mir weiterhin nur eine Einmaldosis pro Tag. Um mehr Methadon herauszuholen, ließ ich mir immer mal wieder eine Geschichte einfallen. Ich erklärte zum Beispiel, ich hätte mein Zeug versehentlich verschüttet. Oder mein Haustier hätte es umgeschmissen, als ich es gerade abfüllte. Irgendwann sind mir die Lügenmärchen ausgegangen und der Arzt war auch nicht mehr bereit, meine Geschichten zu akzeptieren.

Nun war ich neunundzwanzig Jahre alt und ich begann zusätzlich zum Methadon große Mengen an Alkohol zu trinken. Das mit dem Drogen-Beikonsum war ja nicht so gut gelaufen und ich wollte meinen Methadon-Platz nicht verlieren. Im Urlaub hatte es schließlich mit der Kombination Methadon plus Alkohol auch gut geklappt. Die Alkoholmenge, die ich konsumierte, wurde jedoch auf die Dauer recht hoch und ich bekam schon Alkohol-Entzugserscheinungen, wenn ich mehrere Stunden nichts getrunken hatte. Ich begann wie Espenlaub zu zittern, und das zu verheimlichen wurde immer schwieriger. Es gab Tage, an denen ich in der Frühe zum Arzt musste, um mein Methadon zu holen, aber den Becher mit dem Methadon kaum halten konnte vor lauter Zittern. Die Arzthelferin hat zum Glück dem Arzt nichts davon gesagt. Um diese Symptome loszuwerden, bin ich einmal volles Risiko gegangen und habe eine Woche lang zusätzlich zum Methadon wieder Heroin statt Alkohol genommen. Auf diese Weise konnte ich meinen Alkoholentzug tatsächlich gut überstehen. Doch nach einer Woche war das Heroin wieder aufgebraucht.

Durch den Beikonsum von Heroin reichte allerdings meine Dosis Methadon nicht mehr. Ich bin also zum Arzt und habe ihn gefragt, ob man diese erhöhen könnte. Doch der Arzt wollte nicht mitziehen. Er sagte mir auf den Kopf zu, dass das Methadon-Programm bei mir keinen Sinn mehr machen würde, riet mir dringend zur einer Drogentherapie und kündigte an, mich nur noch so lange zu behandeln, bis die Drogentherapie beginne. Also musste ich in den sauren Apfel beißen und eine Drogentherapie beantragen, die dann auch umgehend genehmigt wurde.

Bis zum Beginn der Therapie musste ich noch sechs Wochen warten, bis ein Platz frei wurde. Diese Zeit musste ich also noch überbrücken, mein Arzt blieb jedoch stur und verweigerte mir die Erhöhung der Methadondosis. Also konsumierte ich regelmäßig zusätzlich zum Methadon Heroin. Dazu musste ich wieder nach Frankfurt fahren und mir Stoff besorgen. Mein Dealer war nicht mehr aufzufinden, so kam es, dass ich mich auf die Suche nach einem anderen Kontakt machte. Ich lernte jemanden am Bahnhof kennen. Der hatte auch prompt eine Testmenge bei sich. Nachdem ich die Testmenge konsumiert hatte, haute es mich um. Das Zeug war wahnsinnig stark gewesen, also von sehr guter Qualität. Als ich nach ein paar Stunden wieder zu mir gekommen war, musste ich feststellen, dass ich ausgeraubt worden war. Bargeld und Handy waren weg. Zum Glück hatte ich noch meinen Geldbeutel mit EC-Karte. Die Polizei schaltete ich natürlich nicht ein, wäre auch blöd gewesen, zu erklären, was los gewesen war. Ich raffte mich dann auf, bin zum nächsten Geldautomaten und habe die letzten Kröten von meinem Konto abgehoben. Ich hatte aber immer noch kein Heroin, also ging ich zu einer Telefonzelle und versuchte noch einmal, meinen Dealer zu erreichen. Es ging sogar jemand ans Telefon, aber nicht mein Dealer, sondern sein Bruder. Der teilte mir mit, dass sein Bruder erst in zwei Tagen wiederkäme. Solange konnte ich nicht warten und fragte den Bruder, ob er mir nicht auch weiterhelfen könne. Am Telefon konnte ich nicht offen sagen, dass ich Heroin von ihm kaufen wollte, aber er checkte es nach kurzer Zeit und gab mir eine Telefonnummer. Ich bedankte mich und rief die Nummer an. Es ging auch jemand ran und ich gab durch, von wem ich die Nummer bekommen hatte. Es hieß dann gleich, dass wir uns treffen könnten, und nach meiner Zustimmung nannte er mir den Treffpunkt. Der Treffpunkt lag in einem Ort außerhalb von Frankfurt. Also bin ich mit der U-Bahn losgefahren. Ich bin, wie bereits bekannt, nicht gut im U-Bahn-Fahren, und so kam es, dass ich mich wieder einmal verirrte. Nach etwa einstündiger Fahrt war ich dann endlich am Treffpunkt. Mein Aushilfskontakt hatte auch Heroin dabei. Die Menge, die ich ihm abkaufen konnte, musste sich allerdings nach meinem Bargeldvorrat richten. Der Dealer kündigte mir auch gleich an, dass unser Geschäft eine einmalige Sache bleiben würde. Ich bin dann mit der U-Bahn wieder zurück zum Bahnhof, diesmal ohne Umwege, und bin nach Hause gefahren.

Mein Zeug reichte jetzt zusammen mit dem Methadon etwa eine Woche. Ich musste aber insgesamt vier Wochen überbrücken, bis ich zur Therapie konnte. Eigentlich sechs Wochen, aber zwei Wochen vorher musste ich ja zur Entgiftung. Nach einer Woche bin ich nochmal zu meinem Arzt gegangen und habe ihm versucht, das Problem zu erklären. Er war dann so einsichtig und hat meine Methadondosis erhöht, allerdings mit der Auflage, es täglich abholen zu müssen. So vergingen dann die letzten Wochen bis zum Beginn der Entgiftung.

Kapitel 20 – stationäre Entgiftung nahe Köln und zweiter Therapieversuch

Beim dritten Mal brachte ich die Entgiftung in einem psychosomatischen Krankenhaus hinter mich, das in räumlicher Nähe zum Ort der Drogentherapie lag. Hier war wieder einiges los. Viele Patienten gehörten zur Kölner Szene und machten eine Venen-Kur. Ich lernte jemanden kennen, der durch die Sucht ein Bein verloren hatte, aber auch er dachte trotzdem nicht ans Aufhören. Im Gegenteil, er wurde bereits während der Entgiftung rückfällig. Ich war in einem Dreibettzimmer untergebracht. Einer meiner Zimmerkollegen sah aus wie Herkules und war da, weil er unter Drogeneinfluss ausgetickt war. Hier sollte ich dann ruhig schlafen? Ein Unding. Zumal an guten Schlaf schon wegen der Entzugssymptome nicht zu denken war. Der Raucherbereich wurde nachts abgeschlossen und war daher auch keine Alternative. Also habe ich die Nächte mit Bücherlesen verbracht. Gut war, dass die Entgiftung im Sommer stattfand und wir oft im Garten sitzen konnten. Die Zeit konnten wir uns mit Kartenspielen vertreiben. Es gab auch immer wieder Angebote, wie zum Beispiel Fußballspielen, Tischtennis usw. Mit das Schlimmste während so einer Entgiftung ist die Langeweile, dann hat man viel zu viel Zeit, auch jedes kleinste Signal seines Körpers als Entzugserscheinung wahrzunehmen. Mir ging es wirklich schlecht, ständige Schmerzen und schlaflose Nächte. So ein Methadon-Entzug ist die Hölle.

Nach drei Wochen war ich dann offiziell entgiftet und sollte ein paar Kilometer weiter zur Drogentherapie fahren. Mein körperlicher Entzug war jedoch noch in vollem Gange. Auf dem Weg zur Drogentherapie überlegte ich es mir anders und fuhr nach Hause. Ich fühlte mich einfach nicht in der Lage, eine Therapie durchzustehen. Hätte man sich bei der Entgiftung mehr Zeit ge-

lassen, dann hätte ich wahrscheinlich die Drogentherapie angetreten, denn dann wären meine Entzugssymptome nicht mehr
so drastisch gewesen.

Auf dem Heimweg legte ich in Köln einen Stopp ein und besorgte
mir ein wenig Heroin für die Fahrt. Für die kurze Strecke von
Köln nach Frankfurt. In Frankfurt stoppte ich erneut, traf mich
mit einem Kumpel, wir konsumierten zusammen Heroin und
unterhielten uns. Ich erzählte ihm von meiner Entgiftung und
dem beschissenen Zustand, in dem ich mich immer noch befand,
und dass ich so unmöglich auf Therapie gehen könnte. Er sagte,
kein Schwein lasse sich doch freiwillig auf eine Therapie ein, und
er könne mich absolut verstehen. Nach ein paar Stunden Gela-
ber fuhr ich dann nach Hause.

Nachdem ich die Drogentherapie geschmissen hatte, bin ich
wieder zu meinem Arzt und hoffte auf Hilfe. Mir ging es immer
noch beschissen vom Entzug und dem zwischenzeitlichen Rückfall. Ich hoffte, dass ich ihn davon überzeugen konnte, mich wieder in das Methadon-Programm aufzunehmen. Er war natürlich
enttäuscht, dass ich die Therapie nicht angetreten hatte, und
erklärte mir, dass er mich nicht mehr in das Methadon-
Programm aufnehmen wolle, aber es gebe ein neues Medikament, das Methadon ersetzen könne. Er fragte, ob ich es mal
ausprobieren wolle, allerdings müsse ich vierundzwanzig Stunden frei von jeglichen Suchtmitteln sein. Ich war natürlich einverstanden und nahm am nächsten Tag das erste Mal eine Tab-
lette Subutex, so hieß das Medikament, ein. Die ersten beiden
Stunden ging es mir irgendwie seltsam, aber dann verbesserte
sich mein Zustand einigermaßen. In den folgenden Tagen mussten wir dann die richtige Dosierung finden, und ich war innerhalb einer Woche auf Subutex eingestellt.

Man muss wissen, dass es anfänglich für Heroinsüchtige nur Codein als Substitutionsmittel gab, etwas später kamen erst Methadon und L-Polamidon hinzu. Zu guter letzt folgte Subutex.

Kapitel 21 – Subutex und Führerschein

Ich erfuhr, dass die Einnahme von Subutex bei herkömmlichen Drogentests nicht nachgewiesen werden kann. Meinen Führerschein hatte ich schon lange nicht mehr. Ich würde ihn nur wiederbekommen, wenn ich erneut die MPU bestand, eine Drogenfreiheit über ein Jahr nachweisen konnte und der Drogentest, der noch zusätzlich gemacht wurde, okay war. All das hatte ich während der Einnahme von Methadon vergessen können, und wegen des Beikonsums allemal. Doch jetzt, wo ich Subutex nahm, entschied ich mich, die MPU anzugehen. Sogenannte Clean-Nachweise konnte ich von meinem Arzt bekommen, denn ich musste mindestens einmal im Monat in seiner Praxis Urin abgeben, um zu bestätigen, dass ich keinen Beikonsum zum Subutex hatte. Nach einem Jahr Subutex ohne Beikonsum hatte ich also die notwendigen Clean-Nachweise.

Zur MPU hatte ich mir schon einen Termin geben lassen. Am Tag, als sie stattfinden sollte, war ich schon recht aufgeregt, weil ich nicht hundertprozentig sicher war, dass mein Plan funktionierte. Dort angekommen, musste ich direkt unter Aufsicht Urin abgeben, was für mich ein Problem war, nicht, weil ich was zu verbergen hatte, sondern weil ich, wenn jemand direkt neben mir steht und auf meinen Penis schaut, nicht pinkeln kann. Nach drei Anläufen hatte es dann endlich geklappt. Den Becher hatte ich reichlich gefüllt und durfte danach gleich zur ärztlichen Untersuchung. Bei der ärztlichen Untersuchung erzählte ich dann die Geschichte, ich sei seit einem Jahr drogenfrei und nähme keine Ersatzmedikamente. Der Arzt hat mir geglaubt und schickte mich direkt zur Konzentrationsprüfung. Die ich dann auch ohne Schwierigkeiten bestand. Jetzt musste ich noch zum psychologischen Gespräch. Man muss wissen, dass die meisten Menschen wegen dieses psychologischen Gesprächs durch die MPU fallen. Ich saß im Wartebereich und wurde nach ein paar Minuten von der Psychologin aufgerufen. Es war extrem wichtig, genau aufzupassen. Die Fragen der Psychologin wiederholten sich inhaltlich, nur jeweils mit einer anderen Fragestellung. Den Augenkontakt habe ich auch immer gehalten und glaubwürdig geantwortet. Nach dreißig Minuten war das Gespräch beendet. Man sagte mir, dass mir das Ergebnis schriftlich mitgeteilt werde und dass ich nun gehen könne. Ohne zu wissen, was nun entschieden wurde, fuhr ich nach Hause. Nach drei Wochen kam der Bescheid von der MPU:„Wir freuen uns, Ihnen mitteilen zu können, dass Sie die MPU bestanden haben." Ich, im ersten Moment total baff, ließ einen Jubelschrei los und wusste nicht wohin vor Freude. Gleich am nächsten Tag beantragte ich meinen Führerschein beim Landratsamt. Ein paar Tage später kam dann auch ein Schreiben, das war allerdings weniger erfreulich. Ich musste nämlich meinen Führerschein noch einmal machen, also die theoretische und praktische Prüfung ein zweites Mal absolvieren.

Zweite Führerscheinprüfung

Also machte ich einen Termin bei einer Fahrschule aus und bekam dort dann die Unterlagen zur Vorbereitung auf die theoretische Prüfung mit nach Hause. Außerdem nahm ich noch vier Fahrstunden. Nach drei Wochen hatte ich dann sowohl die theoretische als auch die praktische Prüfung am selben Tag, beides habe ich bestanden. Der Fahrlehrer machte einen Stempel in meinen neuen Führerschein, den er bereits bei sich hatte, und ich ging mit Fahrerlaubnis nach Hause. Ich hab mich riesig gefreut!

Zur Feier des Tages besuchte ich dann einen Kumpel. Ich wusste, dass er regelmäßig Steine rauchte. Steine nennt man Kokain, welches vorher mit Backpulver gekocht wurde. Die genaue Prozedur kann ich nicht mehr erklären. Kaum hatte ich drinnen Platz genommen, erzählte ich ihm von meinem Erfolg mit dem Führerschein. Daraufhin lud er mich ein, jetzt erstmal gemeinsam einen großen Stein (auch Crack genannt) zu rauchen. Ich war natürlich sofort einverstanden. Ich legte mir den Stein auf eine spezielle Pfeife und zog den Rauch direkt in die Lunge. Was in den anschließenden fünf Minuten ablief, ist nicht mit Worten zu erklären. Es ist ein wahnsinniges Gefühl. Allerdings hält es nur ein paar Minuten an, der Spaß ist also ein sehr teurer. Ich inhalierte noch drei bis vier Mal, dann war der Stein restlos aufgebraucht. Anschließend blieb ich noch eine Stunde, bevor ich nach Hause aufbrach.

Kapitel 22 – Subutex, Heroin und Alkohol

Da das Subutex kein gutes Gefühl auslöste, sondern nur die körperlichen Entzugserscheinungen abfederte, ich aber unbedingt wieder einen Kick haben wollte, fuhr ich wieder einmal nach Frankfurt. Kokain konnte ich mir ja keins leisten. Zum damaligen Zeitpunkt war ich mit einem Süchtigen näher bekannt, der in Frankfurt wohnte. Ich bin direkt zu seiner Wohnung und er hat mich auch rein gelassen. Glücklicherweise hatte er auch Heroin parat. Meine Venen hatten sich inzwischen erholt und ich setzte mir trotz Subutex einen Druck. Mehr weiß ich nicht mehr, denn ich wachte erst wieder im Krankenhaus auf. Auf meiner Brust befanden sich lauter Saugnäpfe, ich riss sie sofort herunter und zog mich an. Dann bin ich raus aus dem Krankenhaus und wieder zurück zu meinem Bekannten, der erzählte mir dann, dass ich eine Überdosis genommen hätte und er den Krankenwagen hätte rufen müssen.

Mit dieser neuen Erfahrung bin ich dann nach Hause gefahren. Jetzt wusste ich, dass sich Subutex und Heroin nicht vertragen. Mein Arzt hatte mich zwar bereits darüber informiert, aber ich hatte ihm das nicht abgenommen. Bei den Steinen, allerdings war es ja Kokain gewesen, hatte es schließlich auch funktioniert. Ich hatte gedacht, er wolle mir nur Angst machen, damit ich bloß keinen Beikonsum betrieb. Aber wie sich nun herausgestellt hatte, hatte er die Wahrheit gesagt.

Also begann ich damit, Alkohol zum Subutex zu konsumieren. Ich genehmigte mir nach Feierabend ein paar Biere, meistens in Gesellschaft und in verschiedenen Kneipen, hauptsächlich in reinen Bierkneipen. Mein Alkoholkonsum erhöhte sich kontinuierlich. Als ich einmal mit dem Auto unterwegs war, geriet ich in eine Alkoholkontrolle, wurde prompt positiv getestet und war den frisch erworbenen Führerschein wieder los.

Auch mit meinen Arbeitskollegen trank ich nach Feierabend das eine oder andere Bier. Damals lief es auf der Arbeit noch recht gut. Irgendwann war es aber soweit, dass ich auch schon während der Arbeitszeit zum Bier griff, praktischerweise gab es das damals noch in Getränkeautomaten zu kaufen. Mein Alkoholkonsum steigerte sich aber noch mehr, ich griff schon morgens nach dem Aufstehen zur Flasche, ich hatte nämlich bereits erste körperliche Entzugssymptome, die sich durch zitternde Hände bemerkbar machten. Unentwegt konsumierte ich Alkohol, es waren irrsinnige Mengen, die ich über den Tag abkippte. Ich konnte mich bald ohne Alkohol gar nicht mehr bewegen, geschweige denn arbeiten. Es war der absolute Alptraum. Schon alleine die Unmengen an Alkohol zu besorgen und die Flaschen anschließend wieder zu entsorgen. Neben meiner sowieso schon vorhandenen Drogensucht, die ich immerhin zu diesem Zeitpunkt noch mit Subutex in Schach hielt, war ich jetzt also auch noch alkoholabhängig. Das bedeutete Saufen rund um die Uhr und morgens noch zusätzlich die Subutex einwerfen.

Diese Kombination warf mich dann total aus der Bahn. Ich konnte nicht mehr arbeiten. Mein Arzt schrieb mich krank und prophezeit mir, dass ich wohl der Nächste sein würde, der an seinen Süchten stirbt. Seine Predigt interessierte mich nicht, ich verließ die Praxis, steuerte direkt die nächste Kneipe an und schüttete mich zu. Das ging ein paar Wochen so, bis mir mein Arzt das Subutex nicht mehr geben wollte, weil er meinen enormen Alkoholkonsum nicht mehr tolerieren konnte. Ich bekam Panik und bettelte ihn förmlich an, daraufhin schlug er vor, ich solle eine Teilentgiftung vom Alkohol machen, und danach wäre er wieder bereit, mich zu behandeln. Er hatte ja recht, so konnte es nicht weitergehen, also wurde ich am nächsten Tag direkt zur Entgiftung gebracht.

Exkurs – Alkoholentzug

Von einem Alkoholentzug in den eigenen vier Wänden wird von allen Leuten, die ich kenne, abgeraten. Ein Alkoholentzug sollte immer in einer geeigneten Klinik stattfinden. Weil die Gefahr besteht, einen Krampfanfall zu erleiden oder ins Delirium zu fallen. In der Klinik wird je nach Entzugssymptomatik entschieden, ob der Entzug mit Medikamentengabe oder ohne Medikamentengabe gemacht wird. Meistens werden Medikamente eingesetzt. Entzugserscheinungen stellen sich ein, sobald der Betroffene einige Zeit keinen Alkohol mehr zu sich genommen hat und der Alkoholspiegel im Körper einen gewissen Punkt unterschreitet. Wann dies der Fall ist, ist individuell und kann nicht beziffert werden. Die ersten Symptome sind zitternde Hände. Anschließend treten Schwitzen, Übelkeit und Erbrechen auf. Darauf folgen Gangunsicherheit, Unwohlsein und Schwächegefühl. Die Symptome halten ungefähr sieben bis zehn Tage an, dann ist der körperliche Entzug vom Alkohol meist abgeschlossen. Da durch den Alkoholkonsum bedingt der Süchtige in der Regel zu wenig Nahrung zu sich genommen hat und daher körperlich nicht im besten Zustand ist, fühlt er sich auch nach dieser Zeit schlecht und denkt, dass der Entzug noch nicht vorüber ist.

Jetzt beginnt die Phase des psychischen Entzugs, es setzt die Gier nach dem Stoff ein. Der Gier sind nur wenige gewachsen, aus diesem Grund ist die Rückfallquote sehr hoch. Während des psychischen Entzugs kann es zu Angststörungen und Depressionen kommen.

Kapitel 23 – stationäre Teilentgiftung vom Alkohol

Nun war ich also wieder auf Entgiftung, diesmal in einer anderen psychosomatischen Einrichtung und diesmal auch nur zur Teilentgiftung vom Alkohol, Subutex nahm ich weiterhin. Die Station nannte sich 18u. Hier war wirklich alles vertreten, Alkoholiker, Drogensüchtige, Medikamentensüchtige usw. Alle wurden gemeinsam behandelt. Das ist auch sinnvoll, denn Sucht ist Sucht. Wieder erfolgte eine allgemeine Eingangsuntersuchung und ich musste zur Blutabnahme. Es brauchte diesmal nur zwei Versuche, und ich konnte mich auf das mir zugewiesene Bett legen. Noch ging es mir einigermaßen, ich hatte genug Subutex und Alkohol im Körper. Doch am nächsten Morgen hatte ich nach dem Aufwachen übelste Entzugserscheinungen, vor allem vom Alkohol. Ich hatte mein Frühstück ans Bett bekommen, denn ich durfte vierundzwanzig Stunden lang mein Bett nicht verlassen. Ich zitterte am ganzen Körper, und als ich meinen Tee zu trinken versuchte, ging mehr daneben als in mich hinein. An Essen war überhaupt nicht zu denken, allein die Vorstellung löste in mir Brechreiz aus. Nach dem „Frühstück" musste ich zur Medikamentenausgabe. Dort bekam ich mein Subutex und ein Medikament gegen die Symptome des Entzugs, das Medikament hieß Distraneurin und war wirklich gut. Ich hab dann zwar noch drei Tage gezittert, hatte aber kaum Schmerzen und konnte auch schlafen. Das war der Beweis, gegen die Symptome bei Alkoholentzug gibt es wirklich gute Medikamente. Beim Drogenentzug wird mit Methadon oder Subutex gearbeitet, allerdings in so niedriger Dosierung, dass man es kaum aushält. Ich war diesmal zum Glück in der komfortablen Situation, nur vom Alkohol zu entgiften, und bekam anfangs zwölf Distraneurin über den Tag verteilt. Die Dosierung wurde dann über sieben Tage heruntergefahren und ich hatte wirklich keine größeren Entzugserscheinungen, mein Subutex bekam ich ja weiterhin in der bewährten Dosis.

Während einer Entgiftung gibt es nicht nur die medikamentöse Behandlung, sondern auch Arbeitstherapie, Ergotherapie, Sport, Gruppengespräche und einmal in der Woche kommt auch jemand aus einer Selbsthilfegruppe und hält einen Vortrag. Zudem finden immer wieder Arztgespräche statt und man kann einen Termin beim Sozialdienst verabreden. Durch die Möglichkeiten, mich zu beschäftigen, war ich abgelenkt von meiner Situation und hatte durchaus Spaß bei der Entgiftung. Auch fand ich diesmal die Geschichten meiner Mitpatienten wieder spannend. Der Grund war wahrscheinlich, dass die Leute unterschiedliche Süchte hatten und sich daher auch die Suchtgeschichten unterschieden. Die Geschichten wurden vorwiegend im Raucherbereich zum Besten gegeben. Der Raucherbereich ist auf einer Entgiftungsstation der am häufigsten aufgesuchte Ort. Hier treffen sich alle zum Quatschen und natürlich auch zum Rauchen.

Dort habe ich wirklich schlimme Alkoholiker kennengelernt, die kurz vorm Tod standen. Sie hatten über mehrere Jahre rund um die Uhr gesoffen und ihr Gehirn war schon sehr angegriffen. Zudem hatten einige eine Leberzirrhose.

Ich glaube, dass Alkohol hinsichtlich der körperlichen und psychischen Folgen die schlimmste aller Drogen ist. Allerdings sind ausgerechnet diese frei verkäuflich und die Süchtigen am wenigsten stigmatisiert, eigentlich unfassbar!

Kapitel 24 – Zurück zum Alkohol und Subutex

Nach drei Wochen Entgiftung wurde ich wieder entlassen und ich ging stolz zu meinem Arzt, um ihm von meiner erfolgreichen Teilentgiftung zu berichten. Ich war guter Dinge, mein Leben jetzt gemeistert zu bekommen. Zuerst wollte er nichts von dem mehr wissen, was er mir zugesichert hatte, aber es war ja so abgemacht, und er verschrieb mir dann auch wieder mein Subutex.

Es dauerte keine drei Tage, und ich wurde wieder rückfällig. Ich konnte einfach nicht die Finger vom Alkohol lassen, der Suchtdruck war zu stark für mich. Also begann ich wieder regelmäßig zu trinken und nahm jeden Morgen meine Subutex. Ziemlich schnell wieder unten, beantragte ich eine neue Therapie zum psychischen Entzug, die auch diesmal wieder umgehend genehmigt wurde, obwohl ich die erste ja nicht angetreten hatte.

Rentenversicherungen und Krankenversicherungen zahlen sehr viel Geld für die körperlichen Entgiftungen und anschließende Drogen, Medikamente und Alkoholtherapien, aber eine auf Langfristigkeit und Nachhaltigkeit angelegte Nachsorge gibt es kaum.

Exkurs – Was ist Suchtdruck

Suchtdruck wird auch „craving" genannt. Wenn erst einmal eine Abhängigkeit vorhanden ist, bildet sich ein Suchtgedächtnis aus. Davon war weiter oben schon die Rede. Der Suchtdruck entsteht, weil sich das Suchtgedächtnis zuerst immer nur an die schönen Momente der Sucht erinnert.

Jeder, der schon einmal eine Diät gemacht hat, kennt den folgenden Teufelskreis: Sie haben den ganzen Tag wenig gegessen. Ihr Hungergefühl überwältigt Sie. Vor Ihnen steht ein Stück Sahnetorte. Ihr Speiseplan sieht jedoch als Abendmahlzeit einen Salat vor, um 19 Uhr. Es ist allerdings erst 18 Uhr und Ihr Körper spielt verrückt. Vor lauter Hunger und Gelüsten fangen Sie an zu zittern. Und genau diesen Moment stellen Sie sich jetzt bitte vor und multiplizieren ihn mit 100. Jetzt können sie annähernd nachempfinden wie sich Suchtdruck anfühlt.

Kapitel 25 – stationäre Entgiftung von Alkohol und Subutex

Wieder einmal musste ich zur körperlichen Entgiftung, denn das war Voraussetzung für den Beginn der Therapie. Und ich musste komplett entgiften. Die Prozedur war daher nicht mehr so harmlos wie beim letzten Mal, denn ich musste diesmal nicht nur vom Alkohol, sondern auch vom Subutex entgiften.

Meine Dosis Subutex wurde gleich zu Beginn auf die Hälfte reduziert und die Gabe von Distraneurin auf zehn Einheiten für den ersten Tag gesetzt. In den Folgetagen wurden beide Medikamenten Tag für Tag reduziert. Nach fünf Tagen war ich bereits mit dem Distraneurin auf Null, mit dem Subutex nach zehn Tagen. Mir ging es wirklich total schlecht. Innerhalb von zehn Tagen Subutex auszuschleichen, das ist der Horror. Die nächsten vier Tage brachte ich dann mehr schlecht als recht hinter mich. Nach insgesamt vierzehn Tagen Entgiftung fuhr ich direkt zur Drogentherapie, ein Unding.

Eine Zwischenfrage: Was spricht eigentlich dagegen, die körperliche Entgiftung und die psychische Entgiftung nicht als getrennte Phasen der Therapie zu verstehen, sondern das Entgiftungsmedikament auch während der anschließenden Therapie zu verabreichen, wobei die Dosierung in langsamen Schritten zu reduzieren wäre? So hätte niemand diese wirklich extremen Entzugsprobleme, die Betroffenen wären nach der ersten Phase der Entgiftung nicht so geschwächt, der Suchtdruck nicht so stark und die Therapiebereitschaft größer. Denn viele Therapien, sowohl die Entgiftung als auch die sich anschließende Therapie, werden wegen zu starker Entzugssymptome entweder nicht angetreten oder abgebrochen.

Kapitel 26 – Zweite Drogentherapie nahe Köln

Am Ort der Drogentherapie angekommen, traf mich fast der Schlag, es waren fast wieder ausschließlich Drogensüchtige da, die zu Therapie statt Strafe verurteilt worden waren. Die meisten kannten sich schon aus dem Knast. Es herrschte der gleiche Zirkus wie bei meiner ersten Therapie. Wieder war ich umgeben von Leuten, die schon das Knastverhalten verinnerlicht hatten. Im Grunde ist der Ansatz Therapie statt Knast ja ein guter Ansatz. Das Problem ist nur, dass diejenigen, die vor Therapiebeginn ihre Knaststrafe angetreten hatten, sich schon entsprechende Verhaltensweisen angeeignet hatten. Zudem war ihr körperlicher Entzug bereits eine Weile her, sie waren also körperlich erheblich fitter und überlegen.

Außerdem gab es in der Einrichtung noch ein morgendliches Ritual, das ich als menschenunwürdig empfand. Wir saßen alle in einem großen Kreis zur Frühstücksrunde (Gesprächsrunde), hier wurden sämtliche Dienste und Aufgaben verteilt sowie mögliche zwischenmenschliche Probleme und eventuelle Arztbesuche besprochen. Vor Beendigung der Runde wurden zwei Gruppen gebildet, und zwar indem abgezählt wurde: 1,2,1,2,1,2, bis alle aus der Runde durchgezählt hatten. Diejenigen, die die gleiche Ziffer hatten, wurden entweder zum Alkoholtest geschickt oder zum Drogentest. Der Alkoholtest war recht einfach, wir standen in einer Reihe und jeder musste in ein Alkoholtestgerät pusten. Beim Drogentest standen wir ebenfalls in einer Reihe, nur diesmal vor der Toilette. In der Toilette stand ein Mitarbeiter und schaute zu, wie wir in den Becher pinkelten. Das Ganze war in meinen Augen wirklich menschenunwürdig. Wenn es nicht auf Anhieb klappte mit dem Pinkeln unter Aufsicht, dann wurde man regelrecht angegangen. Zudem wurde gleich unterstellt, dass man rückfällig geworden war und den Urintest umgehen wollte.

Das war Psychoterror vom Feinsten. Nach einer Woche Therapie brach ich sie ab und fuhr nach Hause.

Kapitel 27 – Rückfälle und neue Entgiftung vom Alkohol

Zu Hause nahm ich dann wieder gelegentlich Drogen und frönte fleißig dem Alkohol. Zudem stellte ich einen Antrag auf Betreuung, denn meine Schulden waren nicht mehr zu finanzieren und ich blickte nicht mehr durch. Es dauerte nur ein paar Wochen, bis ich wieder fix und fertig war und wieder eine Alkohol-Therapie beantragte. An sich war ich davon ausgegangen, dass die Therapie diesmal nicht genehmigt werden würde, schließlich hatte ich schon zwei Therapien abgebrochen. Aber zu meinem Glück wurde sie auch diesmal genehmigt. Ich bin dann direkt per Krankenwagen zur Entgiftung gebracht worden, denn es ging mir wegen des immensen Alkoholkonsums total beschissen.

Da war ich also wieder auf Station 18u zur Entgiftung. Hier lernte ich auch meinen Betreuer kennen, der mir inzwischen zugewiesen worden war. Nachdem ich entlassen worden war, eruierte er meine Schulden und beantragte mit mir zusammen eine Privatinsolvenz. Außerdem erfuhr ich während eines Gruppengesprächs, dass ich meine Anschlusstherapie direkt hier in der Klinik machen konnte, und zwar bei der Suchttherapeutin, die ich schon kannte. Eigentlich war ich schon für eine andere Klinik angemeldet, doch ich hatte das Gefühl, dass die mich dort nicht mehr wollten, nachdem sie von meinem Werdegang erfahren hatten. Also habe ich sofort eingewilligt, meine Alkoholtherapie bei dieser Therapeutin zu machen. Sie hat umgehend bei der Rentenversicherung angerufen und meine Therapiezusage umschreiben lassen. Das kam mir auch deshalb sehr entgegen, weil die Klinik nur einen Katzensprung von meinem Wohnort entfernt war und ich ohne großen Aufwand Besuch empfangen konnte. Nach zwei Wochen Entgiftung wurde ich direkt in die Therapieeinrichtung gebracht.

Zuvor bekam ich noch Post vom Gericht. Ich war wieder einmal wegen Besitzes einer kleinen Menge Drogen zur Bewährung verurteilt worden und hatte einen Bewährungshelfer zugeteilt bekommen. Das Ganze lag allerdings schon ein paar Monate zurück. Unser Gerichtssystem ist halt nicht das schnellste. Also musste ich mich jetzt wöchentlich bei meinem Bewährungshelfer melden.

Kapitel 28 – Dritte Therapie, diesmal Alkoholtherapie

Ich bekam ein Einzelzimmer mit nagelneuer Einrichtung. Das war echt super, da standen ein Bett, eine Couch, ein Schreibtisch und ein Kleiderschrank. Zudem war ein Teppichboden verlegt und Gardinen hingen auch an den Fenstern. Absolut kein Vergleich mit meinen Unterkünften bei den Drogentherapien. Es gab sogar Reinigungspersonal. Ich war begeistert, welch ein Luxus. Bei den Drogentherapien erledigen die Süchtigen die Reinigungsarbeiten selbst. Hier konnte ich mich voll und ganz auf die Therapie konzentrieren. Wir waren nur zwölf Leute, was optimal war. Uns stand ein Fernsehraum und ein Tischtennisraum zur Verfügung, das war richtig super, wiewohl wir die Räume kaum nutzten, denn wir trafen uns zumeist im Gemeinschaftsraum und veranstalteten Spieleabende. Aber zum Thema Medienausstattung sei hier an dieser Stelle folgendes gesagt: Fernseher und Internetanschluss gehören in kein Patientenzimmer. Das ist heutzutage leider fast zum Standard geworden, aber hier muss dringend umgedacht werden. Es ist absolut wichtig, sich möglichst viel in der Gemeinschaft zu bewegen, statt allein auf dem Zimmer ab-zuhängen. In der Gemeinschaft lernte ich wahnsinnig viel über meine Sucht und darüber, wie man ihr entkommen kann. Wenn ich mich nur auf meinem Zimmer aufgehalten hätte, dann hätte ich sehr viel versäumt.

Da wir nur zu zwölft waren, konnte sich keiner verstecken oder sich durch die Therapie mogeln. Wir saßen alle im selben Boot und es entwickelte sich ein starker Gruppenzusammenhalt. Wir tauschten uns eifrig aus und erzählten uns unsere Geschichten, und das half uns allen.

Nach vier Monaten Alkoholtherapie wurde ich entlassen.

Exkurs:„Freiwillige" Therapie

Eine wirklich freiwillige Suchttherapie gibt es nicht. Auch wenn mir im Zuge all meiner Entgiftungen und Therapien immer wie-der von meinen Mitpatienten erzählt wurde, dass sie freiwillig in Behandlung seien. Freiwillig bedeutet in diesem Zusammenhang lediglich, dass es keine gerichtliche Anordnung gab. Denn bei genauerem Nachfragen stellte sich zumeist heraus, dass einer der folgenden Gründe vorlag: Entweder hatte der Arbeitgeber die Leute dazu aufgefordert oder die Familie hatte ihnen das Messer auf die Brust gesetzt, oder sie waren einfach nur fix und fertig und am Ende gewesen.

Auf mich trafen alle diese Gründe zu.

Schlussendlich ist keiner auf Entgiftung oder Therapie, der dazu nicht in irgendeiner Weise von außen motiviert wurde.

Wie funktioniert eine Suchttherapie?

In der Therapie geht es darum, die psychische Abhängigkeit zu behandeln. Das funktioniert mit verschiedenen Werkzeugen. Die wichtigsten sind Gruppenpsychotherapie und Einzelpsychotherapie. Es wird versucht, die tief liegenden Gründe der Sucht zu ermitteln. Oftmals werden Probleme im Privaten und oder im Arbeitsumfeld vermutet und auch offengelegt. So erfährt der Süchtige im besten Fall seine ganz persönlichen Gründe für die Suchtabhängigkeit und kann darauf aufbauend sein Verhalten und negative Strukturen ändern. Neben den Therapiesitzungen gibt es noch Infogruppen, in denen Vorträge über die Sucht und ihre Folgen gehalten werden. Die Infogruppe dient hauptsächlich der Aufklärung, welche ich immer sehr positiv aufnahm. Daneben gibt es noch verschiedene andere Angebote wie Arbeits-, Ergo- und Sporttherapie. Mit diesen Maßnahmen wird dafür gesorgt, dass man nach der Therapie möglichst bald wieder arbeitsfähig ist. Zudem sorgen sie für Beschäftigung und eine Zeitstruktur, denn zu viel Langeweile während einer Therapie ist nicht förderlich. Wichtig ist aber auch, einfach einmal Zeit und Muße für sich selbst zu haben, und das in einer geschützten Umgebung. Zudem wird noch darauf geachtet, dass man sich einer Selbsthilfegruppe anschließt.

Absolut der wichtigste Punkt! Teilnahme an einer Selbsthilfegruppe!

Mir persönlich hat sehr geholfen, einfach mal Zeit für mich und meine Probleme zu haben und mich neu sortieren zu können. Auch von den Gesprächsrunden profitierte ich sehr, ich konnte so manches lernen und umsetzen. Doch das absolute Glück war für mich, zu einer Selbsthilfegruppe zu müssen. Denn dort konnte ich auch über die Zeit der stationären Therapie hinaus noch vieles lernen und bekam eine wöchentliche Unterstützung auch nach Beendigung der Therapie. Die Teilnahme an einer Selbsthilfegruppe ist die beste Nachsorge überhaupt. Sie ist nicht zeitlich begrenzt und man ist unter Gleichgesinnten. Sie besteht aus lauter Suchtspezialisten, die alle ein offenes Ohr und gute Ratschläge haben. Zudem kann man aus einem Gruppenbesuch in der Woche, soviel Kraft schöpfen, dass es für eine ganze Woche reicht. Irgendwie magisch!

Kapitel 29 – Suchtkrankheit und deren Heilung

In diesem Kapitel soll es nun um Lösungsansätze zur Heilung von Suchtkrankheiten gehen.

Dazu habe ich eingehend das Internet befragt. Es bietet unendlich viele Informationen zur Suchtproblematik. Und fast alle haben eine Lösung parat.

Zudem gibt es Unmengen von Büchern zum Thema. Manche versprechen sogar Heilung allein durch ihre Lektüre. Mir scheint, dass die meisten Bücher über Sucht von Heilpraktikern geschrieben werden. Sie maßen sich tatsächlich an, die Wege zur Heilung zu kennen. Doch sie können bestenfalls Aufklärung betreiben und Ratschläge geben, aber keine allgemeingültige Lösung anbieten. Es gibt auch Autoren, die sich in ihrem Studium oder in einem Wochenendseminar mit dem Thema Sucht auseinandergesetzt haben, und anschließend vollmundig behaupten, den Weg aus der Sucht zu kennen.

Wenn also alle diese Autoren und selbsternannten Fachleute einen Weg aus der Sucht kennen, dann muss ich ihn ja erst recht kennen, schließlich habe ich die Sucht ja am eigenen Leib erfahren.

Die Lösung ist...

Ich überlege ...

Ich überlege immer noch...

Ich überlege noch einmal genauer ...

Nachdem ich jetzt so lange und gründlich überlegt habe, stelle ich fest, dass ich Ihnen leider auch nicht sagen kann, welchen allgemein gültigen Weg aus der Sucht es gibt.

Nicht, weil ich ihn nicht verraten will.

Ich weiß ihn leider nicht.

Sucht ist so individuell, dass es keine allgemeingültige, ultimative Lösung gibt.

Das Einzige, was ich Ihnen an dieser Stelle sagen kann, ist: das Wichtigste ist die Einsicht. Ist Einsicht vorhanden, dann ist der erste Schritt getan.

Der zweite Schritt ist der ernsthafte Wille, suchtfrei leben zu wollen.

Sind diese beiden ersten Schritte getan und gibt es die Bereitschaft, eine Selbsthilfegruppe zu besuchen, dann wird sich der weitere Weg aus der Abhängigkeit finden.

Therapie und Nachsorge sind nichts als eine wichtige Hilfestellung. Hier werden mögliche Wege aufgezeigt. Welcher Weg geeignet ist, muss jeder Betroffene für sich selbst herausfinden.

Blöde Sprüche wie „Sucht kommt von Suchen" helfen nicht weiter, lassen Sie sich bitte davon nicht beeinflussen. Am besten denken Sie erst gar nicht darüber nach. Wenn Sie es allerdings trotzdem tun, dann denken Sie über folgende Frage nach:

Suche ich in der Sucht etwas oder flüchte ich vor etwas?

Kapitel 30 – Ein bildhafter Vergleich

Die Entwicklung aus der Sucht kann mit der Entwicklung eines Babys verglichen werden, das laufen lernt.

Stufe 1: das Liegen

- Wenn die Sucht einen bestimmt und der Betroffene alles unternimmt, um seine Sucht zu befriedigen, dann liegt er am Boden (ausgeliefert an die Sucht).

Ein Baby liegt zuerst auch nur am Boden.

Stufe 2: das Sitzen

- Der erste Schritt aus der Sucht ist eine Entgiftung, allerdings wird dieser erst gemacht, wenn der Betroffene körperlich und psychisch angegriffen ist. Vorher fehlt dem Süchtigen die Einsicht in seine Krankheit.

Ein Baby kämpft sich vom Liegen ins Sitzen

Stufe 3: das Aufstehen

- Aufstehen mit Hilfestellung: Der nächste Schritt ins selbstständige Leben ist eine Therapie. Nach der körperlichen Entgiftung kommt nun die psychische Entgiftung.

Ein Baby kämpft sich vom Sitzen ins Stehen, zuerst noch mit Hilfestellung.

Stufe 4: das selbstständige Stehen

- Stehen ohne Hilfestellung: Jetzt ist der Betroffene wieder auf sich selbst gestellt, die Therapie ist abgeschlossen und die Schutzglocke ist weg. Eine passende Nachsorge und eine Selbsthilfe-Gruppe sind notwendig, um nicht wieder umzufallen.

Ein Baby steht frei, zwar mit wackeligen Beinen, eine Hilfestellung ist in der Nähe.

Stufe 5: das Laufen

- Akzeptieren der Krankheit und bereit sein, Veränderungen vorzunehmen und diese auch durchzuhalten. Offener Umgang mit der Suchtkrankheit in Familie und im Freundeskreis.

Ein Baby läuft noch unsicher und muss auch akzeptieren, dass es hinfällt, wenn es keine Veränderung vornimmt.

Stufe 6: der sichere Gang

- Die Sucht aus seinem Leben verbannen. Sich erfreuen am suchtfreien Leben und stolz darauf sein. Zufriedenheit erfahren.

Ein Baby läuft sicher und freut sich über jeden gelungenen Schritt.

Bis zum sicheren Gang ist es ein sehr langer Weg. Die Stufe des sicheren Gangs kann man nur erreichen, wenn man bereit ist, seine Einstellung zum Leben zu verändern und damit sein Leben teilweise oder völlig auf den Kopf zu stellen.

Der Knackpunkt ist allerdings der Wille des Süchtigen. Nur derjenige, der den absoluten Willen hat, suchtfrei zu leben, arbeitet immer wieder mit der nötigen Leidenschaft an seinem Leben, sodass er auf Dauer abstinent bleibt.

Kapitel 31 – Selbsthilfegruppe – Sucht – Gruppenarbeit

Viele Menschen können sich unter einer Suchtgruppe nichts vorstellen. Zumindest wissen sie nicht, wie eine Gruppensitzung abläuft und was in einer solchen Gruppe besprochen wird.

Deshalb gebe ich nun einen typischen Ablauf eines Gruppentreffens wieder und präsentiere einige Gesprächsergebnisse, die auf einem solchen Treffen zusammengetragen worden sind.

Ablauf:

- Begrüßung durch Gruppenleiter oder Vertreter
- Vorstellung und Anliegen jedes Einzelnen
- Diskussion in der Gruppe (das Thema ergibt sich meist aus aktuellen Problemen)
- Abschlussrunde
- Beenden der Sitzung durch Gruppenleiter oder Vertreter

Gesprächsbericht 1 (Selbsthilfegruppe):

Thema: <u>Suchtverlagerung und legales Suchtverhalten</u>
1. Sport
2. Energydrinks (Koffein)
3. Schnupftabak
4. Appetitsteigerung, hauptsächlich Süßes
5. Fernsehen
6. Internet, Smartphone und Medikamente

<u>Zu Punkt 1</u>

Sport ist eine gesunde Betätigung für Körper und Geist. Solange man mehrere Tage in der Woche aussetzen kann, ist kein Suchtverhalten vorhanden. Sollte jedoch nur noch der Sport im Fokus stehen und die Tagesstruktur nur noch auf Sport ausgelegt werden, muss dringend das Verhalten überprüft und wegen Anzeichen von Suchtverhalten geändert werden.

<u>Zu Punkt 2</u>

Speziell bei Energydrinks ist für ehemalige Drogenkonsumenten von aufputschenden Mitteln die Gefahr sehr groß, einen Rückfall zu illegalen Drogen zu erleiden. Deshalb sollten solche Drinks nicht konsumiert werden.

Kaffee trinken wurde von der Gruppe ausnahmslos akzeptiert, allerdings sollte auch hier ein vernünftiger Umgang im Fokus stehen.

Zu Punkt 3

Schnupftabak ist sehr kritisch zu sehen, vor allem bei ehemaligen Drogenabhängigen, die ihren Stoff durch die Nase geschnupft haben, und sollte daher vermieden werden.

Zu Punkt 4

Das Essverhalten hinsichtlich eines hohen Konsums von Süßigkeiten sollte zunächst nicht überbewertet werden. Wenn allerdings der Konsum übertrieben wird und sich eine gesundheitliche Schädigung einstellt, muss dringend gegengesteuert werden.

Zu Punkt 5

Fernsehen ist nicht kritisch zu bewerten, wenn die Tagesstruktur nicht gefährdet ist.

Zu Punkt 6

Internet, Smartphone und Medikamente wurden noch nicht thematisiert.

Fazit: Bei der Diskussion in der Gruppe wurde erarbeitet, dass alles aus der Liste erlaubt ist, was hilft und nicht ins Extreme ausartet. Sollte sich allerdings ein Suchtverhalten andeuten und dadurch Suchtgedanken entstehen, dann ist der Suchtdruck vorprogrammiert und der Rückfall kaum noch aufzuhalten.

Gesprächsbericht 2 (Selbsthilfegruppe):

Thema: <u>Weihnachten und Silvester</u>
1. Nahrungsmittel mit Alkohol
2. Erinnerungen an früher, positiv/negativ
3. Suchtgedanken und Suchtdruck
4. Umgang sensibilisieren

<u>Zu Punkt 1</u>

In vielen Nahrungsmitteln ist Alkohol enthalten, speziell an Weihnachten gibt es viele „Fallen", z. B. Plätzchen mit Alkohol. Auch sonst muss man genau auf die Zutatenliste auf den Verpackungen achten. Man darf keine Scheu haben, bei unverpackten Lebensmitteln zu fragen, ob sie Alkohol enthalten.

<u>Zu Punkt 2</u>

Das Suchtgedächtnis gaukelt einem oft vor, dass die Abhängigkeit gar nicht so schlimm war. Man erinnert sich immer erst an die positiven Momente während der Sucht. Aber wenn man länger darüber nachdenkt, dann überwiegen eindeutig die negativen Erinnerungen. Jetzt gilt es, die negativen und nicht die positiven Ereignisse in den Vordergrund zu stellen.

<u>Zu Punkt 3</u>

Wie kann Suchtdruck entstehen? Eine Ursache sind die Suchtgedanken. Wenn ich mich längere Zeit mit den Suchtgedanken beschäftige, werden mir wieder die positiven Ereignisse vorgegaukelt, und dann ist die Gefahr, Suchdruck zu bekommen, sehr hoch. Also gilt es, Suchtgedanken kurz wahrzunehmen und sie dann in einen virtuellen Papierkorb zu werfen.

Zu Punkt 4

Alte Bekanntschaften oder Freunde, die mit der Sucht zu tun hatten, sind unbedingt zu meiden. Die Familie und Angehörige sollten über die Sucht informiert und sensibilisiert werden.

Fazit: Egal ob Weihnachten, Silvester, Fasching oder irgendwelche sonstigen Feiertage: Wenn ich gefestigt bin, mein Umgang stimmt und ich den festen Willen habe, nicht rückfällig zu werden, dann bin ich bestens gerüstet.

Gesprächsbericht 3 (Selbsthilfegruppe):

Thema: <u>Warum es sich lohnt, nicht rückfällig zu werden (Pro und Kontra)</u>

Warum wird man rückfällig (Pro)

- Schutzglocke der Therapie ist weg
- Sucht wurde vergessen
- Probleme sollen durch Suchtmittel verdrängt werden
- Selbstüberschätzung, Leichtsinn
- Angst vor der Realität
- Spaß haben wollen
- großer Reiz der Suchtmittel
- nur schöne Momente bleiben im Suchtgedächtnis
- Versuch, kontrolliert zu trinken
- Belohnung
- Verführung durch Werbung oder Freunde

Bei regelmäßigen Besuchen einer Selbsthilfegruppe können alle Gründe widerlegt werden.

Warum lohnt es sich, suchtmittelfrei zu bleiben (Kontra)

- Selbstbestimmung
- Lebenswillen, nicht sterben wollen
- Sucht beschleunigt den Tod
- Verantwortungsbewusstsein
- lebenswertes Leben führen

- aufnahmefähiger sein

- echte Gefühle erleben können

- keine Abhängigkeit

- befreit durchs Leben gehen

- kein Beschaffungsstress

- keine Geldsorgen

- Vorbildfunktion einnehmen können

- einen klaren Kopf haben

- eine Familie gründen

- kein sozialer Abstieg

- das Leben ist nur suchtmittelfrei lebenswert

Die angeführten Gründe für ein suchtmittelfreies Leben, sind „echte Gründe".

Es gibt tausend Gründe, rückfällig zu werden. Es gibt tausend Gründe, suchtmittelfrei zu leben. Stellt man die Pro- und Contra-Gründe gegenüber, erkennt man schnell, dass die Gründe, wieder zu den Suchtmitteln zu greifen, lächerlich sind im Vergleich zu den Gründen, suchtmittelfrei zu leben.

Als Fazit bleibt: Das Leben ist ohne Suchtmittel lebenswert. Ein Leben mit Suchtmitteln ist ein Tod auf Raten.

So weit drei authentische Arbeitsergebnisse einer Gruppenarbeit in einer Selbsthilfegruppe.

Ein Vorschlag zur erweiterten Suchtbehandlung

Die derzeit üblichen Vorgehensweisen, Betroffenen aus der Sucht herauszuhelfen, sind nicht weitreichend genug angelegt. Zumeist wird nur an der Oberfläche gekratzt und der Kern des Problems bleibt meistens unberührt.

Folgende Aspekte werden kaum berücksichtigt. Sie beziehen sich sowohl auf die Vorbereitung einer Therapie als auch die Begleitung sowie die Nachsorge:

- intensive Klärung, welche Therapiemaßnahme sinnvoll ist
- genaue Erläuterung der Abfolge von Entgiftung, Therapie, Nachsorge, Teilnahme an Selbsthilfegruppen
- durch Besichtigungen der Häuser und Gespräche mit den Mitarbeitern die Angst vor Hilfe (dem Fremden und Bedrohlichen) nehmen
- dem Süchtigen Mut zusprechen
- die zu ihm passende Therapieklinik aussuchen
- den Süchtigen während der Therapie unterstützen, ihn besuchen und eventuelle Probleme klären
- die Nachsorge planen
- den Süchtigen nach der Therapie unterstützen
- Selbsthilfegruppen gemeinsam besuchen
- mit den Angehörigen sprechen
- die Sorgen des Süchtigen auf Papier bringen und Lösungen finden
- die Sorgen der Angehörigen gemeinsam diskutieren
- nötige Veränderungen auf den Weg bringen
- den Arbeitsplatz eruieren
- Hobbys und Freizeitgestaltung unterstützen
- usw.

Die meisten dieser Punkte werden in der Suchtberatung zwar besprochen, aber es findet keine ambulante Begleitung statt. Die Suchtberatung selbst erfolgt meistens nur in einem Büro und zu festen Terminen. Auch die Therapieeinrichtungen behandeln nur stationär und zeitlich begrenzt. Doch die wahren Probleme zeigen sich erst, wenn der Süchtige auf sich allein gestellt ist. Hier könnte eine erweiterte Suchtbehandlung beginnen, damit ist gemeint, ehemalige Süchtige in den Heilungsprozess von Süchtigen einzubeziehen, natürlich nur, wenn sie es wollen und bereits mehrere Jahre abstinent sind. Jemand, der die Sucht überwunden hat, weiß am besten, was Sucht bedeutet, und könnte Betroffene engmaschig ambulant beraten und unterstützen. Für einen solchen Ansatz gibt es allerdings bisher weder eine Berufsbezeichnung noch Arbeitsstellen. Am ehesten entspricht der Tätigkeitsbereich dem von Streetworkern, doch die gibt es leider nur in Großstädten. Dem Argument, den ehemaligen Süchtigen fehle die notwendige berufliche Qualifizierung für eine solche Tätigkeit, kann entgegengehalten werden, dass sein eigener Werdegang seine „Ausbildung" ist.

Krankenkassen und Rentenkassen zahlen jedes Jahr Millionen von Euro für Therapien und Krankenhausaufenthalte. Der Süchtige wird entgiftet, therapiert und anschließend mit dem Rat, eine Selbsthilfegruppe zu besuchen, entlassen. Okay, es gibt nach der Therapie noch freiwillige Angebote zur Nachsorge. Die laufen ein paar Monate und danach ist Schluss. Im Endeffekt ist der Betroffene auf sich alleine gestellt und landet oftmals bald wieder in der Sucht. Spätestens unmittelbar nach der Entlassung aus der Therapie, idealerweise schon währenddessen, sollte die Beratung und Begleitung durch einen ehemaligen Betroffenen einsetzen. Mit einer gemeinsamen Zukunftsplanung, dem Führen von Gesprächen mit Angehörigen, mit Überlegungen zur

Arbeitsplatzsicherung und zu Veränderungen, die dringend für einen positiven Suchtverlauf nötig wären.

Das Thema Arbeitsplatz ist sehr wichtig. Denn den meisten Einfluss auf einen positiven Verlauf der Sucht hat, neben Familie und Freunden, die Arbeitssituation des Betroffenen. Oftmals ist es notwendig, die Bedingungen am Arbeitsplatz, falls der Betroffenen noch einen hat, dahingehend zu prüfen, ob sie im Hinblick auf einen guten Verlauf umgestaltet werden müssen und können. Oder ob ein Arbeitsplatzwechsel sinnvoll wäre. Hat der Betroffene seine Arbeit bereits wegen der Sucht verloren, muss überlegt werden, ob und welche Arbeit für ihn in Frage kommt und wie diese gefunden werden kann.

Diese Überlegungen zeigen sehr deutlich, dass es sehr viele Bereiche in der Suchtbehandlung gibt, bei denen dringend Veränderungen nötig sind.

So, genug geträumt!

Jetzt geht es mit meiner Lebensgeschichte weiter.

Kapitel 32 – Drogen- und Alkoholfreiheit, Selbsthilfegruppe (Acht Rückfälle)

Mit vierunddreißig Jahren und zwei Monaten war ich nun suchtmittelfrei. Ich war verheiratet mit einer wunderbaren Frau, und hatte eine Tochter. Jeden Montag ging ich in meine Selbsthilfegruppe vom Kreuzbund, die ich während meiner Alkoholtherapie kennengelernt und besucht hatte. Als ich das erste Mal in der Gruppe war, wusste ich nicht, was ich dort sollte. Lauter trockene Alkoholiker, die in meinen Augen nur ein paar Feierabendbier zu viel getrunken hatten und eine Therapie nur benötigten, um ihren Partner oder den Arbeitsplatz nicht zu verlieren. Doch nach regelmäßigen Besuchen änderte sich so langsam meine Meinung über die Gruppenteilnehmer. Da kamen furchterregende Geschichten ans Tageslicht, die aus der Alkoholsucht entstanden sind. Ich hatte ja auch meine eigenen Erfahrungen mit Alkohol gemacht und bin inzwischen der Meinung, dass das Zeug dringend verboten gehört. Wie Alkohol einen Menschen verändern und körperlich zerstören kann, ist unglaublich. Ganze Familien gehen dabei drauf.

Und Alkohol gibt es überall frei zu kaufen, unverantwortlich!

Nach weiteren Wochen der Teilnahme an den Sitzungen fühlte ich mich richtig wohl in der Gruppe, und in der einen oder anderen Geschichte konnte ich mich wiedererkennen. Auch wenn meine eigene Suchtgeschichte extremer war und ich nicht nur Alkohol konsumiert hatte, konnte ich doch so manchen Tipp mitnehmen. Allerdings hatte ich nach Beendigung meiner Alkoholtherapie noch acht Rückfälle. Ich hatte versucht, kontrolliert zu trinken, was aber immer in einem Vollsuff geendet war. Immer wieder montags in meiner Selbsthilfegruppe musste ich dann meine Rückfälle beichten. Meine Kreuzbundmitstreiter reagierten super, sie verurteilten mich nicht, sondern sprachen mir Mut zu. Meine Frau glaubte an mich und bestritt den Kampf gegen die Sucht mit mir gemeinsam. So kam es, dass ich abstinent wurde. Um nicht wieder zurück in die Sucht zu fallen, hatte ich noch die Entscheidung getroffen, meinen Arbeitsplatz zu wechseln, und kündigte auch tatsächlich. Ich fand direkt eine neue Arbeitsstelle fühlte mich durchaus wohl. Kurz vor Beginn der neuen Therapie hatte ich bereits meinen Wohnort gewechselt, damit ich weg vom Geschehen und alten Bekannten war.

Meine Privatinsolvenz war genehmigt worden und lief. Den Betreuer brauchte ich jetzt nicht mehr, und daher stellte ich den Antrag bei Gericht, die Betreuung aufzuheben. Nach einer ärztlichen Untersuchung wurde meinem Antrag auch gleich stattgegeben.

Zudem musste ich auch nicht mehr zu meinen Bewährungshelfer, weil die Auflage wegen guter Führung aufgehoben worden war. Nach weiteren Monaten bekam ich dann vom Gericht Post. Darin stand, dass ich meine Bewährungszeit gut überstanden hätte und dass meine Bewährung jetzt beendet sei und damit auch meine damalige Verurteilung abgegolten sei. Meine Verurteilung war seinerzeit ja zur Bewährung ausgesetzt worden. Hätte ich mir während meiner Bewährung etwas zu Schulden kommen lassen, dann hätte ich in den Knast gemusst. Über die Post vom Gericht war ich sehr froh und nun konnte ich auch dieses Kapitel endlich schließen.

Ich musste mir über nichts mehr Sorgen machen. Alles lief einwandfrei und ich war motiviert, ein neues Leben zu führen. Endlich ein normales Leben. Ein lebenswertes Leben.

Exkurs – Empfehlungen für Angehörige

Jetzt möchte ich ein paar Worte an alle Angehörigen von Suchtkranken richten.

Als Angehöriger sind Sie eigentlich der letzte Arsch. Sie müssen ohnmächtig zuschauen, wie Ihr süchtiges Familienmitglied immer tiefer in die Sucht rutscht und die Familie darüber zu zerbrechen droht.

Doch dass die ganze Familie unter seiner Sucht leidet, nimmt der Süchtige selbst gar nicht wahr. Er ist so mit sich selbst beschäftigt, dass er überhaupt nicht in der Lage ist, die Sorgen und Nöte der Angehörigen zu realisieren und ernst zu nehmen.

Was können Angehörige tun?

Das ist eine schwierige Frage, ein Patentrezept gibt es leider nicht.

Die meisten Suchtberatungen empfehlen, sich von dem Süchtigen loszusagen. Manche erwarten sogar, dass man das kranke Familienmitglied fallen lässt.

Das ist natürlich einfacher gesagt als getan.

Diese radikale Maßnahme empfehle ich erst, wenn wirklich alle Bemühungen ins Leere gelaufen sind.

Unter Bemühungen verstehe ich:
- Interesse an der Krankheit zeigen und sie nicht als Charakterschwäche auslegen.
- Sich über Suchtkrankheiten gründlich informieren.
- Alle wichtigen sozialen Kontakte wie Arbeitgeber und Freunde über die Abhängigkeit des Familienmitglieds informieren.

- Den Süchtigen zur Entgiftung und Therapie überreden, wenn nötig, ihn dazu zwingen, indem man mit der Trennung droht.
- Ihn bei Entgiftung und Therapie tatkräftig unterstützen.

Sollte die erste Entgiftung und Therapie nicht zum Erfolg führen, dann direkt zur nächsten Entgiftung überreden und wieder eine Therapie beantragen, sollte dieser zweite Versuch wieder schiefgehen, sofort wieder zu einer Entgiftung drängen.

Der Weg aus der Sucht dauert oftmals Jahre und betrifft die ganze Familie.

In meiner Selbsthilfegruppe stelle ich immer wieder fest, dass diejenigen, die noch eine Familie haben, etwas leichter aus der Sucht herauskommen und auch suchtmittelfrei bleiben. Wenn der Süchtige erst einmal alleine dasteht, wird der Weg aus der Sucht zunehmend schwieriger.

Droht jedoch die Familie auseinanderzufallen, weil die Angehörigen die Situation nicht mehr ertragen können und alle bisherigen Maßnahmen keinen Erfolg hatten, dann muss man konsequent auf Distanz zum Süchtigen gehen.

Denn auch wenn es noch so schlimm ist, die Angehörigen sind letztlich machtlos. Die Sucht ist zu stark und wenn die Familienmitglieder nicht auch noch daran zerbrechen wollen, müssen sie die Reißleine ziehen und den Süchtigen aus der Familie ausschließen und jeglichen Kontakt vermeiden.

Sollte eine therapeutische Maßnahme gegriffen haben, beginnt eine sehr heikle Phase. Jetzt gilt es zu verhindern, dass der Süchtige wieder rückfällig wird. Wünschenswert wäre, wenn sich die Angehörigen auch mit dieser Problematik eingehend beschäftigen würden.

Ich empfehle gemeinsame und getrennte Besuche von Selbsthilfegruppen!

Dort kann der Süchtige lernen, wie er mit Suchtgedanken und Suchtdruck umgehen muss, und die Angehörigen lernen, welche Situationen oder Äußerungen zu Suchtgedanken und Suchtdruck führen können, und was zu tun ist, wenn Suchtgedanken und Suchtdruck entstehen.

Mir ist bewusst, dass ich den Angehörigen mit diesen Empfehlungen sehr viel zumute, und mein Dank und mein Respekt gilt allen Angehörigen, die ihr süchtiges Familienmitglied nicht gleich zu Beginn des Kampfes gegen die Sucht aus der Familie hinauswerfen und es damit im Stich lassen.

Was Sie als Angehöriger leisten müssen, ist kaum in Worte zu fassen und aller Hochachtung wert.

Kapitel 33 – Panikattacken

Auf meiner neuen Arbeit geschah dann eines Tages folgendes: bei einer Besprechung mit Arbeitskollegen in einem engen Raum begannen meine Hände zu zittern, mein Herz raste, mir ging es total dreckig und ich dachte, ich bekomme einen Herzinfarkt. Schnell mit einer Ausrede raus aus der Besprechung. Sobald ich wieder in meiner Produktionshalle war, ließen alle Symptome, die wie aus dem Nichts gekommen waren, nach, und mir ging es wieder gut. Abends erinnerte ich mich, so einen Anfall schon einmal gehabt zu haben, während meiner Suchtgeschichte. Das war auch in einer Besprechung mit vielen Personen in einem kleinen Raum gewesen. Also versuchte ich von nun an, solche Besprechungen irgendwie zu umgehen, was natürlich nicht immer möglich war, und ich erlebte dann immer mal wieder eine solche Panikattacke.

Nun war meine Panik in engen Räumen mit vielen Menschen in meinem Hirn verankert, und mein Kampf gegen die Panikattacken begann. Mein erster Weg führte mich zu meinem Hausarzt. Ich dachte, dass ich bestimmt einen Tumor oder etwas Ähnliches hätte und dass sich meine Symptome organisch erklären und behandeln ließen. Als ich dem Arzt meine Symptome geschildert hatte, sagte er, dass er zwar alles Organische untersuchen würde, aber wahrscheinlich seien die Attacken psychisch bedingt. Er nahm mir Blut ab und gab mir zusätzlich eine Überweisung zum Nervenarzt. Als ich wieder zu Hause war, begann meine Suche nach einem Psychiater. Im Telefonbuch wurde ich fündig, schrieb mir einige Nummern heraus und rief direkt die erste aus meiner Liste an. Am Telefon wurde mir dann gesagt, dass der nächstmögliche Termin in drei Monaten sei. Ich bedankte mich für die Auskunft und rief beim Nächsten an. Ich schilderte wieder mein Anliegen und bekam zur Antwort, dass die Praxis derzeit keine neuen Patienten aufnehme. Ich verstand die Welt nicht mehr, hallo, ich hatte ein ernsthaftes Problem. Ich rief jetzt beim dritten und letzten Psychiater auf meiner Liste an und bekam einen Termin in sechs Wochen. Die Verzweiflung musste mir auf die Stimme geschlagen haben. Ich sagte, mit zitternder Stimme, dass es dringend sei und ob es denn nicht irgendeine Möglichkeit gäbe, früher einen Termin zu bekommen. Die Stimme am Telefon sagte dann, dass ich den Termin erstmal nehmen solle, und sollte früher ein Platz frei werden, dann würde sie sich melden. Auf diesen Deal ließ ich mich dann ein. Natürlich hat in den nächsten Wochen niemand abgesagt.

Also bin ich dann sechs Wochen später zu meinem Termin beim Psychiater. Dort angekommen meldete ich mich an und bekam einen Fragebogen zum Ausfüllen. Die Unterlagen füllte ich dann sorgsam aus und gab sie wieder ab. Dann musste ich im Wartezimmer Platz nehmen. Das Wartezimmer war gestopfte voll, aber für mich kein Problem, denn ich hatte ja einen Termin. Von wegen! Ich wartete geschlagene drei Stunden, bis ich endlich aufgerufen wurde. Ich schilderte dem Arzt meine Symptome und er verschrieb mir sofort ein Antidepressivum. In sechs Wochen solle ich wiederkommen. Das kam mir merkwürdig vor, ich war keine zehn Minuten beim Arzt im Zimmer, und der hatte schon die Lösung für die nächsten sechs Wochen gefunden? Ich nahm also nun täglich mein Medikament ein und hatte zwei Wochen lang enorme Nebenwirkungen. Von einer Besserung meiner Paniksymptome merkte ich allerdings nichts. In engen Räumen mit Menschen hatte ich weiterhin starke Ängste und gelegentlich Panikattacken. Nach sechs Wochen bin ich dann wieder zu meinem Nervenarzt und verbrachte diesmal zweieinhalb Stunden im Wartezimmer, bevor ich ihm endlich gegenüber saß. Er fragte, wie es mir gehe. Ich sagte, beschissen wäre geprahlt. Dann schaute er sich das Medikament an, das ich seit meinem letzten

Besuch bei ihm geschluckt hatte, und er stellte lapidar fest, dass die Dosis zu gering sei und ich deshalb keine positive Wirkung spüren könne. Ich fiel fast vom Stuhl. Er war es doch selbst gewesen, der mir das Medikament verschrieben hatte! Er verdoppelte kurzerhand die Dosis, gab mir ein neues Rezept und sagte, wir sehen uns in sechs Wochen wieder.

Okay, dachte ich, das probiere ich noch aus. Mir ging es sowieso schon nicht gut, und jetzt kamen auch noch wieder die Nebenwirkungen hinzu, die nach einer Woche allerdings abklangen. Doch eine positive Wirkung stellte sich trotz Dosiserhöhung nicht ein. Nach erneuten sechs Wochen bin ich dann wieder zum Arzt und habe ihm gesagt, dass das Medikament nichts bringen würde. Daraufhin sagte er wieder, die Dosis sei zu gering. Ich stand kurz davor, ihm an den Hals zu springen. Bin dann aber doch cool geblieben, habe mein Rezept genommen und bin nach Hause gefahren. Das war dann auch der letzte Besuch bei diesem Arzt gewesen. Die Dosis habe ich nicht erhöht, denn ich wollte nicht noch einmal die Nebenwirkungen aushalten müssen.

An dieser Stelle wollte ich eigentlich ein Kapitel dem Berufsstand der Psychiater/-innen widmen. Ich hatte auch mit dem Schreiben begonnen, aber dann alles wieder gelöscht. Ich will mir ja nicht unnötigen Ärger einhandeln. Nur soviel, der Beruf des Psychiaters/der Psychiaterin ist eigentlich ein Traumjob, denn ...

Nein, nächstes Thema!

Nur drei Sätze: Wenn Sie mal in den „Genuss" kommen, ein Mitglied dieser Berufsgruppe zu benötigen, dann lassen Sie sich mindestens zwei, besser noch drei Termine bei verschiedenen Ärzten geben. Meine Empfehlung, lassen Sie sich nur von jemandem behandeln, bei dem Sie sich verstanden fühlen und Sie auch Einfluss auf die Behandlung nehmen können. Schlucken Sie nicht wahllos irgendwelche Medikamente. Lassen Sie sich alternative Behandlungs-Möglichkeiten aufzeigen.

Damit ist das Thema Psychiater/-in nun aber wirklich beendet. Es folgen allerdings ein paar Gedanken zu meinen „Lieblingsmedikamenten", den Antidepressiva.

Ich glaube nicht, dass diese Medikamente, allein eingenommen, gegen Ängste und Panikattacken helfen, zumindest kenne ich niemanden, bei dem dies der Fall war. Das Einzige, was sie bewirken, und das nicht zu knapp, sind Nebenwirkungen. Nach ein bis zwei Wochen verschwinden die Nebenwirkungen zwar und man denkt, dass nun endlich das Medikament seine Wirkung entfaltet. Doch das ist meiner Erfahrung nach nicht der der Fall. Ich bin aber gerne bereit, mir das Gegenteil beweisen zu lassen.

In den sogenannten Wirksamkeitsstudien zu Angststörungen werden Antidepressiva immer in Vergleich zu Placebos gesetzt und in die Ergebnisse ein signifikanter Vorteil der Antidepressiva hineininterpretiert. So kommt es mir zumindest vor.

Zu erwähnen ist, dass es durchaus Medikamente gibt, die gezielt gegen Ängste helfen, es handelt sich um die sogenannten Benzodiazepine. Nach deren Einnahme darf man allerdings kein Fahrzeug führen und auch keine Maschinen bedienen, darüber hinaus machen sie abhängig. An dieser Stelle sei angemerkt, dass es in Deutschland etwa 1,5 Million Menschen gibt, die Benzodiazepine einnehmen.

Das ist wahrscheinlich ein toleriertes Medikament mit Persönlichkeits-Veränderung, Reaktionsbeeinträchtigung, Wahrnehmungsstörungen, Abhängigkeit, aber gesellschaftlich akzeptiert!

<u>Wahnsinn, was man alles so erfährt, wenn man nüchtern ist!</u>

Exkurs – Erklärung Panikattacken

Panikattacken sind Angstgefühle, die eine Situation als gefährlich vorgaukeln, die gar nicht gefährlich ist. Dieses Angstgefühl löst sehr viele körperliche Symptome aus, wie zum Beispiel Ohnmachtsgefühle, Herzrasen, Atemnot und die Angst, jeden Moment umzufallen und sterben zu müssen. Es gibt natürlich noch viele andere Symptome, aber in meinem Fall waren dies die schlimmsten. Vor allem die Angst, plötzlich umzufallen, wie peinlich wäre das denn, da denken doch alle, ich stehe wieder unter Drogen oder Alkohol, aber die Sucht habe ich doch hinter mir gelassen. Das waren die Gedanken, die mir durch den Kopf schossen.

Kapitel 34 – Arbeit und Agoraphobie mit Panikattacken

Durch die neue Situation kamen all meine Ängste aus der Vergangenheit mit voller Kraft zum Vorschein, genau die Ängste, die ich jahrelang immer wieder betäubt hatte, die Ängste, nicht genügend Stoff zu bekommen, die Ängste, auf der Arbeit aufzufliegen, die Ängste, nicht in Polizeikontrollen zu geraten, die Ängste, eine Entgiftung bzw. Therapie nicht durchzustehen, die Ängste, an einer Überdosis zu sterben, die Ängste, in der Gosse zu landen, die sich nun, nach Überwindung der Sucht mit voller Kraft entfalten und Panikattacken in mir auslösten.

Ich wusste nicht, was mit mir geschah, auf der Arbeit wurden die Ängste immer schlimmer, sodass es irgendwann so war, dass die Ängste und all ihre körperlichen Symptome meine steten Begleiter waren. Wenn ich abends zu Hause war, merkte ich, wie der Druck bzw. die Ängste langsam von mir abfielen. Am nächsten Morgen auf dem Weg zur Arbeit waren sie allerdings wie auf Knopfdruck wieder zurück. Das ging eine Weile so, dann kam die

Zeit, dass ich auch im privaten Umfeld Angst und Panikattacken bekam. Ich hatte eine Angst vor der Angst entwickelt. Ich konnte nirgends mehr alleine hingehen, ohne Angst zu bekommen. Ganz banale Dinge wie Einkaufen gehen im Supermarkt oder ins Schwimmbad gehen waren mir unmöglich. Sobald ich meine Wohnung verließ, gingen die Alarmglocken in meinem Gehirn an und lösten sofort körperliche Symptome aus. Irgendwie total verrückt, jetzt, wo ich suchtmittelfrei war und endlich ein normales Leben führen könnte, kam sowas. Eigentlich hätte ich nicht die leiseste Angst haben brauchen, ich nahm keine Suchtmittel mehr ein und hatte ein reines Gewissen. Aber die Ängste hatten sich in mir manifestiert.

Was ist Angst vor der Angst?

Wegen meiner Panikattacken in den verschiedensten Situationen hatte ich eine Angst vor diesen Situationen entwickelt und diese dann auch vermieden. Der Haken war nur, dass ich nicht alle Situationen dieser Art meiden konnte, und außerdem überfielen mich die Angst und Panik irgendwann auch schon in Situationen, die den ursprünglich Angst erzeugenden Situationen nur ähnelten. Die Folge war, dass ich eine Erwartungsangst entwickelte, so nennt man diese Angst vor der Angst. Ich hatte also Angst, ohne wirklich in einer solchen Angst machenden Situation zu sein. Ich hatte einfach nur Angst davor, wieder Angst zu bekommen und eine Panikattacke erleiden zu müssen. Aber durch meine permanente Angst stand ich unablässig unter einem enormen Stress, und dieser löste wiederum Panikattacken aus.

Ich war in einen regelrechten Teufelskreis geraten!

Kapitel 35 – Tagesklinik, drei Aufenthalte

So kam es, dass ich mich in eine teilstationäre psychotherapeutische Behandlung begab. Ich konnte die Ängste nicht mehr ertragen. Teilstationär heißt, ich war in einer Tagesklinik angemeldet, also nur tagsüber dort. Morgens um acht Uhr musste ich erscheinen und um sechzehn Uhr ging es wieder nach Hause.

In der Station gab es einen Aufenthaltsraum, einen Ruheraum und eine Küche. Im Aufenthaltsraum wurde gegessen und die Wartezeit verbracht bis zur nächsten Anwendung. Im Ruheraum konnte man sich hinlegen, wenn keine Anwendungen anstanden, meistens nach dem Mittagessen. Das hatte natürlich mit der Realität eines Arbeitsalltags wenig zu tun. Denn auf der Arbeit kann sich niemand nach dem Mittagessen für eine Stunde hinlegen und schlafen. Aber das therapeutische Konzept war komplett auf absolute Stressfreiheit ausgelegt.

Bei der ärztlichen Behandlung wurden Unmengen an Psychopharmaka (speziell Antidepressiva) an mir ausprobiert, die alle zusammen nicht wirklich einen Erfolg gebracht haben.

Dann gab es etliche Anwendungen, wie z. B. Sport, Ergotherapie, Entspannungstraining und psychologische Gespräche.

Nach sechs Wochen wurde ich entlassen, mit einer ähnlichen Medikation wie der, mit der ich gekommen war, und mit dem Rat, eine ambulante Psychotherapie in Angriff zu nehmen. Gleich am zweiten Tag nach der Entlassung aus der Tagesklinik meldete ich mich bei einer Psychologin an und bekam zwei Wochen später einen Termin. Ich fühlte mich einigermaßen und konnte mich wieder in der Öffentlichkeit bewegen, ohne gleich eine Panikattacke zu bekommen. Die Angst vor der Angst war allerdings trotzdem vorhanden. Als es mir dann nach etwa drei Monaten recht gut ging, musste ich wieder arbeiten. Die ersten

Monate verliefen recht gut. Dann kamen die Ängste wieder und wurden von Tag zu Tag stärker, trotz psychologischer Betreuung. Und die ganze Prozedur ging wieder von vorne los. Wieder in die teilstationäre psychotherapeutische Behandlung, wieder Medikamentenversuche und wieder Entlassung nach sechs Wochen.

Ich erholte mich aufs Neue und konnte mich im privaten Bereich wieder ohne Angst bewegen. Meine Privatinsolvenz war jetzt auch abgewickelt und ich konnte voller Hoffnung in die Zukunft starten. Dann ging es wieder zur Arbeit und nach kurzer Zeit fingen die Ängste wieder an. Die Ängste kehrten immer früher zurück und dann ging die Prozedur ein drittes Mal von vorne los, wieder teilstationäre psychotherapeutische Behandlung über sechs Wochen. Wieder zu Hause, spürte ich bald, dass ich mich diesmal nur sehr schwer erholte. Aber nach drei Monaten Krankschreibung wollte ich wieder zur Arbeit, diesmal hatte mein Arbeitgeber allerdings Einwände und sagte, dass ich erst wieder zur Arbeit kommen dürfe, wenn ich eine stationäre psychosomatische Rehabilitation durchlaufen hätte. Das musste ich zähneknirschend akzeptieren und beantragte also eine psychosomatische Rehabilitationsmaßnahme. Die Maßnahme wurde nach einer ärztlichen Untersuchung von der Rentenversicherung genehmigt und vier Wochen später wurde mir mitgeteilt, wo die Maßnahme durchgeführt werden würde. Nun begann ein längerer Kampf mit der Rentenversicherung. Ich wollte nämlich nicht in die von ihr vorgesehene Klinik, sondern in eine bestimmte Klinik, die auf mein Krankheitsbild spezialisiert war und auch nicht so weit weg von meinem Wohnort lag. Die Rentenversicherung umzustimmen war leider unmöglich und ich musste mich geschlagen geben und dort hingehen, wo die Rentenversicherung die beste Behandlung für mich vermutete.

Ich spürte, dass meine Ängste immer dann unerträglich wurden, wenn ich gefordert wurde und längere Zeit an einem Ort bleiben musste, ohne ihn verlassen zu können. Mein Problem war also die Arbeit. Ich war, kurz zusammengefasst, nicht mehr belastbar, was durch meine Suchtgeschichte auch nicht verwunderlich war. Während ich auf den Startschuss für die Rehabilitation wartete, nutzte ich die Zeit, um eine ambulante Psychotherapie zu machen, und besuchte noch zusätzlich eine ambulante Angstbewältigungstherapie und Stressbewältigungstherapie. Hinsichtlich der Psychotherapie hatte ich zwar das Glück, einen erfahrenen Psychologen zu bekommen, der mich nicht mit irgendwelchen fragwürdigen therapeutischen Maßnahmen behandelte, mit denen ich nichts anfangen konnte, sondern der Klartext mit mir gesprochen hat. Aber er sagte mir auch auf den Kopf zu, dass es keine wirkliche Heilung gäbe, was alles andere als förderlich und motivierend war. Außerdem absolvierte ich bei ihm fünfundzwanzig Stunden Psychotherapie, ohne auch nur ansatzweise ein Verhalten zu erlernen, welches mir helfen konnte.

Exkurs – Psychopharmaka und Verschreibungspraxis

Jeder Psychiater, den ich wegen meiner Ängste aufsuchte, hat mir ein anderes Medikament verschrieben, zumeist Antidepressiva. Die Medikamente hatten allesamt gravierende Nebenwirkungen. Jeder, der schon einmal ein Antidepressivum hat nehmen müssen, weiß, wovon ich rede, auch wenn Antidepressiva bei jedem Menschen etwas anders wirken. Zu den Nebenwirkungen zählen zum Beispiel Verstärkung der Angstzustände, Suizidgedanken, Atemnot, extreme Gewichtszunahme, Panikattacken, Tremor. Es heißt immer von Seiten der Ärzte ganz lapidar, das Medikament kann Ihnen helfen, muss es aber nicht. Eine ausführliche Aufklärung über die Nebenwirkungen erfolgt nicht. Also schlucken die Patienten irgendein Zeug, ohne zu wissen, ob es überhaupt hilft.

Angeblich machen Antidepressiva auch keineswegs abhängig, aber warum muss man sie dann wohl einschleichen und später wieder ausschleichen? Mir ist durchaus bekannt, dass man von Medikamentenabhängigkeit nur dann spricht, wenn die Dosis durch den Gewöhnungseffekt erhöht werden muss, aber das trifft doch den Kern der Sache nicht. Abhängigkeiten existieren auch, wenn kein Bedürfnis nach einer ständigen Dosissteigerung vorliegt.

Das Autofahren nach Einnahme von Antidepressiva ist nicht verboten, aber hochgefährlich. Doch der Psychiater rät seinen Patienten bestenfalls, die ersten Tage vorsichtig zu fahren. Von einem absoluten Fahrverbot in der Einschleich- und Ausschleichphase ist keine Rede.

Warum wird die Gefahr von Antidepressiva während der Ein- und Ausschleichphase, die etwa vier Wochen dauert, für den Straßenverkehr nicht gesehen? Vermutlich, weil die Pharmaindustrie ein Milliardengeschäft mit dem Verkauf macht und das Medikament nicht in Verruf gebracht werden soll.

Der Nutzen von Antidepressiva bei einer Angststörung möchte ich nicht völlig in Frage stellen, es kann ja durchaus sein, dass ein solches Medikament dem einen oder anderen hilft, aber bitte, wer ein Antidepressivum einnimmt, sollte unbedingt seine Fahrtauglichkeit überprüfen, und zwar ehrlich sich selbst gegenüber!

Achtung!

Meine Ausführungen beziehen sich nur auf Ängste und Panikstörungen, nicht auf Depressionen.

Bei Depressionen sind die Antidepressiva lebensnotwendig.

Aber bitte denken Sie immer daran, Ihre Fahrtauglichkeit zu hinterfragen!

Zu Bedenken ist auch noch Folgendes: in unserer Gesellschaft schlucken sehr viele Menschen Psychopharmaka, um leistungsfähiger zu sein oder ihre Leistungsfähigkeit zu bewahren. Falls Sie zu dieser Gruppe gehören: Bitte halten Sie einen Augenblick inne und überprüfen Sie ehrlich, ob der Preis, Ihre Gesundheit zu gefährden, nicht viel zu hoch ist.

In der heutigen Gesellschaft machen sich die wenigsten Menschen Gedanken über den Zusammenhang von Leistungsorientierung und Suchtgefährdung, der längst gut erforscht ist und für Süchte jeder Art gilt, egal ob es sich um Drogen-, Alkohol-, Medikamenten- oder Esssucht handelt, um die gängigsten zu nennen. Es ist bequemer, diejenigen, deren Sucht augenfällig geworden ist, also beispielsweise Drogen- oder Alkoholsüchtige, auszugrenzen, mit dem Finger auf sie zu zeigen und sie zu bestrafen.

<u>Traurige Gesellschaft!</u>

Da ich gerade bei der Gesellschaftsanalyse bin: Ein markantes Merkmal unserer heutigen Gesellschaft ist, dass Coachingangebote förmlich aus dem Boden sprießen. Es gibt sie für die unterschiedlichsten Bereiche, egal ob zur Berufsorientierung, zum Sport- und Bewegungstraining, zum Gesundheitstraining oder zur Persönlichkeitsentwicklung. Alle diese Angebote gaukeln uns vor, mehr aus uns herausholen zu können und Selbstoptimierung betreiben zu müssen, um anerkannt zu werden. Doch dahinter steckt noch etwas anderes: Sind wir etwa selbst nicht mehr in der Lage, zu erkennen, was gut für uns ist und wie wir es umsetzen können? Sind wir selbst nicht mehr in der Lage, Gefühle zu spüren und zu verstehen? Das wäre eine fatale Entwicklung, die uns das Menschsein raubt.

Kapitel 36 – Psychosomatische Reha

Eines Tages war es dann soweit, ich konnte meine Rehabilitation antreten. In der Klinik angekommen, wurde mir, nachdem mir mein Zimmer und die komplette Einrichtung gezeigt worden war, umgehend ein Therapieplan ausgehändigt und ich konnte direkt loslegen. In der Reha wurde sehr viel über Gefühle gesprochen, was ich sehr positiv aufnahm, und ich arbeitete gut in der Gruppenpsychotherapie mit. Auch bei den anderen Therapieangeboten war ich immer dabei. Die Aktivitäten in einer Rehabilitationseinrichtung sind aber mit den Bedingungen des realen Arbeitslebens nicht zu vergleichen. Wie schon in den vorhergegangenen Therapien konnte ich mich in der Zeit zwischen den einzelnen Anwendungen ausruhen, was während eines normalen Arbeitstages natürlich nicht möglich ist. Während eines Einzelgesprächs mit meiner Therapeutin kam einmal meine fehlende Belastbarkeit zur Sprache, daraufhin empfahl sie mir, ich solle mir eine Arbeitsstelle suchen, wo ich mich alle ein bis zwei Stunden eine halbe Stunde hinlegen könnte. Was für eine Empfehlung, so eine Arbeitsstelle gibt es nicht. Die Therapeutin arbeitete eh mit einem für mein Empfinden seltsamen Ansatz. Sie arbeitete mit inneren Bildern, um so die Heilkräfte des Patienten zu aktivieren. Ich sollte mir immer wieder Bäume vorstellen, sie geistig umarmen, ihr Kraft spüren und auf diese Weise meine Ängste loslassen.

Das wirkte auf mich irgendwie total schräg, ja fast esoterisch. Der Ansatz war einfach nichts für mich, auch wenn er anderen Patienten vielleicht helfen konnte und wohl auch wissenschaftlich gut erforscht ist.

Auch in der Gruppentherapie waren meine Arbeitsbedingungen ein Thema, es wurde analysiert, dass meine Angststörung wohl an meinem Arbeitgeber läge und ich mir nur eine andere Arbeit suchen müsste, damit wieder alles gut würde. Derlei therapeutische Ratschläge sind von dem Kostenträger bestimmt vorgegeben, damit die Patienten als arbeitsfähig entlassen werden können. Mit großer Skepsis, aber in der Hoffnung, dass die Therapeuten recht hatten, entschloss ich mich, ihrem Rat zu folgen, und entschied mich, meine Arbeitsstelle zu kündigen. Als ich wieder zu Hause war, traf ich mich mit meinem Arbeitgeber und unterschrieb einen Aufhebungsvertrag.

Mit meiner Kündigung im beiderseitigen Einverständnis, einer Bescheinigung meines Hausarztes und dem Entlassungsbericht der Rentenversicherung meldete ich mich arbeitssuchend. Meinem Antrag auf Arbeitslosengeld wurde

ohne Schwierigkeiten stattgegeben und ein paar Tage später erhielt ich den Bescheid über die Höhe meines Arbeitslosengeldes.

Exkurs – Psychologinnen und Psychologen

Ein Kapitel über meine Erfahrungen mit dieser Berufsgruppe hatte ich auch bereits begonnen, aber auch alles wieder gelöscht. Der Grund war nicht, dass ich befürchtete, mir Ärger einzuhandeln, sondern ich möchte anderen Patienten nicht den Mut und die Hoffnung nehmen.

Es gibt wirklich gute Psychologinnen und Psychologen, das kann ich aus eigener Erfahrung bestätigen, doch diese sind sehr, sehr rar.

Kapitel 37 – Ständiger Arbeitsplatzwechsel

Nach zwei Monaten Arbeitslosigkeit fand ich einen neuen Arbeitgeber und unterschrieb einen Arbeitsvertrag. Doch bereits nach zwei Wochen kehrten die Angst und die Panik zurück und ich musste mich wieder krankschreiben lassen. Daraufhin überlegte ich aufs Neue, was ich machen könnte. Vielleicht war der neue Job zu anspruchsvoll, insbesondere wegen der Auslandsreisen, zu denen ich mich vertraglich verpflichtet hatte. Also bat ich meinen Arbeitgeber, nachdem ich ihm berichtet hatte, unter welcher Krankheit ich litt, die Auslandsreisen aus meinem Arbeitsvertrag herauszunehmen. Er versuchte daraufhin, eine entsprechende Stelle im Unternehmen für mich zu finden, aber leider gab es keine geeignete Position und mir wurde gekündigt. Also musste ich mir wieder eine neue Arbeitsstelle suchen, die ich auch direkt fand. Diesmal ohne den Umweg über das Arbeitsamt nehmen zu müssen. Diese Arbeitsstelle war nicht so anspruchsvoll, allerdings stellte sich nach ein paar Wochen das Problem wieder ein, ich wurde wieder krank. Dann überlegte ich mir, wieder in die Firma zurückzukehren, wo ich während meiner Sucht gearbeitet hatte, in der Hoffnung, dass sich nun der

Kreis schließen würde. Ich hatte auch Glück, denn die Firma suchte gerade jemanden, und sie stellten mich auch wieder ein. Nach drei Wochen wurde ich allerdings wieder krank. Das war auch kein Wunder, denn an meiner mangelnden Belastbarkeit hatte sich ja nichts geändert.

Kapitel 38 – Ängste verstehen durch Schreiben

Angesichts der bedrückenden Erkenntnis, dass ich in den letzten Jahren mehr krank als gesund war, mich des Öfteren in teilstationären und vollstationären psychosomatischen Kliniken aufgehalten hatte, mit verschiedensten Medikamenten vollgestopft worden war, und eine Psychotherapie gemacht hatte, aber all das Erlernte nichts an meiner Belastungsschwäche geändert hatte, bin ich noch einmal in mich gegangen. Während ich gründlich über mich nachdachte, stieß ich sehr bald wieder darauf, dass sich die Ängste und die Panik immer dann zeigten, wenn ich zur Arbeit musste, was regelmäßig eine Krankmeldung nach sich zog. Auch die Arbeitsplatzwechsel hatten daran nichts geändert, und auch die Vermutung der Psychologen, meine Arbeitsstellen seien zu stressig, hatte sich nicht bewahrheitet. Meine Krankenkasse hatte mir schon den Termin mitgeteilt, wann die Bezugsdauer des Krankengeldes enden würde. Ich sollte aus dem Berufsleben ausgesteuert werden. Da saß ich nun, voller Ängste und Sorgen. In dieser Situation entschied ich mich, meine Vergangenheitsbewältigung selbst in die Hand zu nehmen. Ich würde meine Lebensgeschichte aufschreiben. Auch wenn meine Psychologen immer gesagt hatten, dass die Vergangenheit nicht so wichtig sei. Nicht zuletzt deswegen waren wir bei unseren Gesprächen immer in der Gegenwart geblieben.

Mit Ausnahme der Aufnahmegespräche in den therapeutischen Einrichtungen, da wurden innerhalb einer Stunde meine biografischen Eckdaten notiert. Aber ein ganzes Leben, auch wenn es erst um die vierzig Jahre zählt, lässt sich nicht in einer einzigen Stunde abhandeln. Als ich mein Manuskript zu schreiben begann, listete ich als ersten Schritt meine Biografie stichwortartig auf. Das allein hat zwei Wochen gedauert. Beim anschließenden Schreiben musste ich immer mal wieder eine Pause einlegen, denn immer wieder kamen die Erinnerungen in mir hoch. Doch das zeigte mir zugleich, dass ich auf dem richtigen Weg war. Ich hatte eine Menge zu verarbeiten und offensichtlich konnte ich tatsächlich mit dem Schreiben eine Vergangenheitsbewältigung betreiben und anschließend vielleicht besser mit meinen Ängsten umgehen. Es ist wahrscheinlich nicht zu erwarten, dass sich mit dem Schreiben all meine Probleme erledigen, und ich glaube auch nicht, dass meine mangelnde Belastbarkeit schwindet. Aber das Schreiben ist ein Weg, mich immer besser kennenlernen und an mir arbeiten zu können.

Arbeitsfähig fühlte ich mich bereits mit meinen einundvierzig Jahren nicht mehr, aber ich habe mich immer gerne motivieren lassen und immer wieder mit einer neuen Arbeit begonnen. Ich habe immer gearbeitet, auch während meiner Sucht, doch die Ängste, die sich aufgrund meiner Suchtbiografie einstellten, konnte und kann ich nicht kontrollieren. Zwar hatte ich mich immer wieder in den Wochen der Krankschreibung von meinen Angstattacken erholen können, doch sobald ich wieder zur Arbeit musste, kamen die verdammte Angst und Panik wieder. Zudem hatte es sich über die Jahre so entwickelt, dass sich die Ängste immer früher wiedereinstellten und die Erholung immer länger dauerte. Bei meinem letzten Versuch zu arbeiten schaffte ich es nicht einmal mehr bis zu meinem Arbeitsplatz. Auf dem Mitarbeiterparkplatz angekommen, lief ich schon sehr angespannt vom Parkplatz zum Firmengebäude, und kaum war ich durch die Tür, überfiel mich eine Panikattacke. Ich bin dann sofort durch den Seitenausgang wieder hinaus und habe meinen Vorgesetzten über meine Verfassung informiert. In beiderseitigem Einverständnis bin ich wieder nach Hause.

Nun sitze ich hier, ohne zu wissen, was die Zukunft bringt, und schreibe meine Lebensgeschichte.

Nur eines weiß ich mit absoluter Gewissheit, das Leben, wie auch immer es aussieht, ist ohne Suchtmittel trotz allem lebenswert, und der Weg zurück in die Sucht ist keine Option!

Ich werde mich in Zukunft noch intensiver mit dem Thema Sucht beschäftigen, aber im positiven Sinn. Eine örtliche Selbsthilfegruppe leite ich bereits, doch ich werde noch zusätzlich eine private Selbsthilfegruppe in einer Therapieklinik leiten. Des Weiteren suche ich noch nach anderen Möglichkeiten, meine Erfahrungen mit der Sucht weiterzugeben. Ich bin überzeugt davon, dass ich suchtkranken Menschen mit meiner Erfahrung helfen kann, aus der Sucht herauszufinden und dauerhaft suchtmittelfrei zu leben.

Ich habe es geschafft, mich von der Sucht zu befreien, und die Angst und die Panikattacken, die mich derzeit noch an sie fesseln, werde ich auch besiegen.

Der Glaube als Kraftquelle

Jetzt, wo ich am Ende meines Buches angekommen bin, möchte ich noch einige sehr wichtige Gedanken zu Papier bringen.

Was hat mir meine Sucht hinterlassen?

Schulden, Anzeigen und Strafen, Krankheiten und Erkenntnis!

Mein langjähriger Ausflug in die Sucht brachte mir Schulden in einem hohen fünfstelligen Bereich ein, die im Zuge meiner Privatinsolvenz jedoch abgegolten wurden. Das war keine einfache Zeit, denn ich musste jeden Cent umdrehen, bevor ich ihn ausgab, aber so etwas ist machbar. Jammern nützt nichts, wenn man in einer solchen Lage ist, sondern es gilt: Augen zu und durch. Insgesamt habe ich ein Haus mit Garten und einen schicken Sportwagen in meine Sucht investiert.

Anzeigen und Strafen gab es etliche, was meinen Schuldenberg noch zusätzlich wachsen ließ.

Die Spitze des Eisbergs zeigte sich in zwei zeitgleich verhängten Bewährungsstrafen, eine in Bayern und die andere in Hessen. Beide habe ich mittlerweile abgelten können, allerdings nur, weil ich inzwischen die Sucht überwunden hatte. Wäre ich nicht aus der Sucht herausgekommen, hätte mich die Justiz beim nächsten Vergehen ins Gefängnis gesperrt.

Was mir letztlich geholfen hat, aus dem Teufelskreis der Sucht herauszufinden, und was mir stets, bis heute, geblieben ist, ist meine Familie und Gott.

Der Glaube an Gott und an Jesus Christus wird oft verschmäht oder belächelt. Doch häufig finden die Menschen zu Gott, wenn sie verzweifelt sind und keinen Ausweg mehr sehen. Oder aber sie geben Ihm die Schuld für ihre Situation.

So erging es auch mir. Ich habe meinen Glauben erst gefunden, als ich am Boden lag. Und dieser Glaube hat mir geholfen, aus der Sucht herauszufinden.

Aber warum hatte Gott überhaupt zugelassen, dass ich in die Sucht geraten war, könnte man jetzt fragen. Darauf habe ich nur eine Antwort.

Gott legte mir schwere Zeiten auf, damit ich den Weg zu Ihm finde!

Der Herr hat keine sadistische Neigung, nein, es ist der Mensch selbst, der erst an Gott zu glauben bereit ist, wenn er am Abgrund steht.

Heute bin ich dankbar und glücklich, dass der Herr es mir ermöglicht hat, meinen Glauben wiederzufinden.

Ich kann nur jedem raten, sich mit Gott auseinanderzusetzen, auch wenn es als wenig zeitgemäß gilt. Der Herr ist es, der uns Menschen die Sünden verzeiht und neue Lebenswege aufzeigt.

Er wird oft verantwortlich gemacht für all das Leid auf der Erde, bei jedem Unheil wird gefragt, warum lässt Gott das zu.

Ich glaube nicht, dass wir Menschen Jesus infrage stellen sollten, vielmehr sollten wir Ihm vertrauen.

Am Ende bleibt nur Gott und sein Sohn Jesus Christus, die uns so lieben, wie wir sind, und den sehnlichen Wunsch haben, dass wir Menschen zum Glauben finden. Wenn wir glauben, dann werden wir von Gott und Jesus durch unser Leben getragen. Amen!

Hier endet mein Buch und damit die Aufzeichnung meiner Lebensgeschichte, mein schriftlicher Versuch der Vergangenheitsbewältigung. Ich habe mir alles von der Seele geschrieben, und

das hat mir gut getan. Und vielleicht hilft ja die Auseinanderset-
zung mit meiner Suchtgeschichte dem einen oder anderen Leser,
die eigene Sucht hinter sich zu lassen. Dann hätte mein Buchpro-
jekt erst recht einen Sinn gehabt.

Ein Wort an alle Kritiker, die es vielleicht gibt: Ich habe das Buch
aus bestem Wissen und Gewissen geschrieben. Alle Erfahrungen
und Erlebnisse sind authentisch. Ich habe nichts erfunden und
nichts hinzugefügt. Die zeitliche Reihenfolge der Ereignisse kann
allerdings ein wenig von der Wirklichkeit abweichen.

Die eingefügten Leerzeilen, die dazu auffordern, Notizen zu hinterlassen, sind ironisch gemeint.

ENDE

Zeitfracht Medien GmbH
Ferdinand-Jühlke-Straße 7
99095 Erfurt, Deutschland
produktsicherheit@kolibri360.de